A EDUCAÇÃO DE UMA
CRIANÇA SOB O
PROTETORADO BRITÂNICO

CHINUA ACHEBE

# A educação de uma Criança sob o Protetorado Britânico

*Ensaios*

*Tradução*
Isa Mara Lando

Copyright © 2009 by Chinua Achebe
Todos os direitos reservados

*Grafia atualizada segundo o Acordo Ortográfico da Língua Portuguesa de 1990, que entrou em vigor no Brasil em 2009.*

*Título original*
The Education of a British-Protected Child

*Capa*
Francisca Albers & Marcos Kotlhar

*Preparação*
Ciça Caropreso

*Revisão*
Renata Del Nero
Márcia Moura

Dados Internacionais de Catalogação na Publicação (CIP)
(Câmara Brasileira do Livro, SP, Brasil)

---

Achebe, Chinua
  A educação de uma Criança sob o Protetorado Britânico : ensaios / Chinua Achebe ; tradução Isa Mara Lando — São Paulo : Companhia das Letras, 2012.

  Título original: The education of a British-protected child.
  ISBN 978-85-359-2020-8

  1. Achebe, Chinua 2. Escritores nigerianos — Século 20 — Biografia 3. Nigéria — Biografia I. Título.
11-13774                                          CDD-823.914

---

Índice para catálogo sistemático:
1. Escritores nigerianos : Ensaios autobiográficos          823.914

[2012]
Todos os direitos desta edição reservados à
EDITORA SCHWARCZ LTDA.
Rua Bandeira Paulista, 702, cj. 32
04532-002 — São Paulo — SP
Telefone (11) 3707-3500
Fax (11) 3707-3501
www.companhiadasletras.com.br
www.blogdacompanhia.com.br

*Para Charles P. Stevenson, Jr.*

# Sumário

| | |
|---|---|
| Prefácio | 9 |
| A educação de uma Criança sob o Protetorado Britânico ... | 13 |
| O doce aroma da cozinha de Zik: crescendo no ambiente de uma lenda viva | 34 |
| Meu pai e eu | 43 |
| O que é a Nigéria para mim? | 46 |
| Viajando "em branco" | 54 |
| Dizendo nosso verdadeiro nome | 60 |
| Minhas filhas | 73 |
| Reconhecimento | 78 |
| O nome difamado da África | 82 |
| Política e políticos da língua na literatura africana | 100 |
| A literatura africana como restabelecimento da celebração | 111 |
| O mundo se despedaça como material de ensino | 126 |
| Martin Luther King e a África | 133 |
| A universidade e o fator liderança na política nigeriana | 140 |
| Stanley Diamond | 151 |
| A África é gente de verdade | 156 |

Notas ................................................................... 169
Agradecimentos e fontes ..................................... 173
Nota sobre o autor ............................................... 177

# Prefácio

Em 2008, meu primeiro romance, *O mundo se despedaça*, comemorou seu cinquentenário. Pessoas de várias partes do mundo participaram das festividades; foi uma temporada e tanto. Houve grandes convenções de intelectuais e pequenos espetáculos de rua. A população de minha cidade natal na Nigéria, Ogidi — que ainda chamamos carinhosamente de aldeia —, foi de uma originalidade e audácia excepcionais. Fizeram um balanço de suas tradições e, relembrando um antigo festival chamado Nwafor, o transformaram na celebração de um livro. Será que essa reinvenção de nosso festival regional foi um desafio a nossos antepassados e a nossos deuses? Em tais situações de perigo, o povo de Ogidi recorre à sua sabedoria e olha bem por onde pisa. De todas as festas à sua disposição, escolheram Nwafor, uma comemoração leiga dedicada a brincadeiras e diversões, festejos e confraternizações; evitaram divindades hostis. Foi esse alegre festival anual que o povo de Ogidi decidiu oferecer a *O mundo se despedaça*, um livro que comemorava os costumes imemoriais de Ogidi pela primeira vez na ficção escrita!

Quando o festival começou, os idosos da cidade talvez tenham ficado intrigados com aquele turbilhão de acontecimentos a seu redor — mas não seus filhos, já prontos para adotar uma atitude mais moderna. Disseram-me que um ator muito talentoso, que uma vez tinha feito o papel de Okonkwo, com grande sucesso, em uma adaptação teatral de *O mundo se despedaça* apresentada na capital, foi trazido à prefeitura de Ogidi. Ali, cada passo seu era aplaudido pelos moradores. Desse modo eles aceitavam e reconheciam os acontecimentos inéditos que ocorriam a seu redor, tanto em relação a um livro como a tudo o mais que hoje chamamos de nossa história.

Durante essas comemorações, também pensei neste novo livro, uma coletânea de ensaios que abrange toda a minha carreira de escritor. Tive grandes expectativas em relação a ele. Eu queria muito fazer brilhar a chama da diversidade e da diferença sobre as experiências que a vida me ofereceu, iluminando os vínculos entre meus livros e minha vida pessoal. Sabia que seria difícil fazer isso; o sucesso do livro iria depender do efeito de continuidade perfeita que eu conseguisse estabelecer para concatenar todas essas experiências. Este livro teria que lidar com pessoas, épocas e temas reais. Mas não havia nenhuma lista que eu estivesse tentando finalizar, nenhum grupo que eu estivesse estudando. O livro seria pessoal e eclético; portanto, não se poderia examiná-lo com intenções acadêmicas para saber tudo a meu respeito.

Comecei a reunir as várias partes. O ensaio chamado "Minhas filhas" assumiu seu lugar sem problemas. Segui em frente, trabalhando em outros temas, até que meu editor leu a coletânea e me perguntou: "E os meninos?". Percebi de imediato que a próxima pergunta seria "E onde está sua mulher?" e que todo o meu esquema para esta coletânea de ensaios, se eu passasse por cima de certos aspectos da minha vida, seria insustentável. Será que eu também deixaria de fora o acidente de carro que sofri em 1990 e que me custou o uso das pernas? O que eu diria sobre o acidente, exceto que meu filho e eu estávamos no banco de trás e que foi ele que, sem conseguir levantar o carro de cima de mim, correu para a estrada e gritou meu nome, de modo que todos os carros pararam e fui levado para o hospital? Se meu filho não estivesse lá, a história teria sido bem diferente.

Minha mulher, Christie, estava ministrando sua aula favorita, de orientação para alunos de pós-graduação na Universidade da Nigéria, quando lhe deram a notícia do acidente. A partir daquele momento, ela deixou sua vida profissional em compasso de espera; e agora também. Foi Christie e nossas duas meninas, Chinelo e Nwando, e nossos dois filhos, Ikechukwu e Chidi, que me ajudaram a passar por tudo aquilo. Será que eu deveria — será que eu conseguiria — escrever sobre tudo isso? Não; eu sabia que o livro teria lacunas e exclusões quando passasse, naturalmente, de um tema a outro e de um ensaio a outro.

Quando terminei o livro, um convite que eu havia recebido antes da Biblioteca do Congresso em Washington serviu como oportunidade para unir os acontecimentos do meu passado a algumas reflexões sobre o futuro. A Biblioteca tinha pedido que eu comemorasse com eles o quinquagésimo aniversário de *O mundo se despedaça*, bem como meu septuagésimo oitavo aniversário. Quando chegou o momento, fui muito bem recebido pelos funcionários da Biblioteca; falavam sem cessar do orgulho que sentiam por eu estar ali, em pessoa. Isso foi em 3 de novembro de 2008.

Tive casa cheia. Um percussionista maravilhoso de Camarões nos deixou enfeitiçados. Li meus poemas e autografei meus livros. Vi então, junto com uma explosão de aplausos, um enorme bolo de aniversário subindo a rampa lentamente na minha direção. Tudo que consegui dizer à guisa de discurso foi: "É isso que vocês costumam fazer?". Não sei que resposta eu esperava. Mas lembro de um comentário excepcional feito antes, naquele mesmo dia, por uma senhora afro-americana. Depois de me agradecer mais uma vez por minha visita, ela concluiu com uma frase que tinha algo de folclore e algo de revanche: "E amanhã vamos eleger um presidente afro-americano *para você*".

É provável que nos próximos anos as pessoas perguntem aos amigos o que eles estavam fazendo quando Barack Obama foi eleito presidente. Espero que também não nos perguntem onde estávamos ou o que estávamos fazendo nesse dia, e sim qual foi o efeito que essa notícia exerceu em nós.

*Chinua Achebe*
Annandale-on-Hudson, Nova York
2009

# A educação de uma Criança sob o Protetorado Britânico

O título que escolhi para estas reflexões pode não ficar claro de imediato para todos; e, embora ele já seja bastante longo, talvez exija de mim uma pequena explicação ou elaboração. Mas antes quero tratar de algo que me traz uma preocupação mais urgente — seu conteúdo.

Espero que meus leitores não pensem que vão encontrar aqui um trabalho acadêmico. Tive que me lembrar, quando fui convidado a dar esta palestra, que, se alguém acha que você é um acadêmico, isso deve significar que você é, de fato, algum tipo de acadêmico. Digo isso diretamente e de saída — "*up front*", como diriam os americanos — para esclarecer a verdade logo de início, caso tenha havido algum equívoco.

Embora eu prefira, de longe, ter um bom desempenho a ter uma boa desculpa em caso de fracasso, devo acrescentar que um fracasso, embora triste, também pode revelar que a justiça poética entrou em ação. Isso porque perdi a oportunidade de me tornar um acadêmico de verdade há quarenta anos, quando o Trinity College, de Cambridge, recusou meu pedido de admissão, depois que me formei pelo University College, em Ibadan. Meu professor em Ibadan, que apresentara meu pedido, estudara em Cambridge — era James Welch, sobre quem falarei mais adiante. De qualquer forma, acabei ficando em casa nessa época, e assim me tornei escritor. Bem, mas "E se...?". O único "E se..." significativo nesta história pessoal é que, se não fosse assim, as senhoras e os senhores estariam diante de um ensaio acadêmico, e não de uma história impressionista sobre a infância de um garoto na Nigéria em seus tempos de colônia britânica.

Como vocês estão vendo, não há nada que consiga germinar tão rápido e florescer com tanto esplendor no solo do discurso colonial como a recriminação mútua. Se me tornei romancista e não acadêmico, com certeza alguém tem culpa. Mas até mesmo nesse clima de hostilidade, os espíritos ancestrais, com suas máscaras, são respeitados e têm imunidade contra os abusos.

Em 1957, três anos depois de ver recusado meu pedido para estudar em Cambridge, tive a primeira oportunidade de sair da Nigéria, para estudar por um breve período na Escola para Funcionários da BBC, em Londres. Pela primeira vez precisei de um passaporte; e, quando o obtive, me vi definido nele como "Pessoa sob o Protetorado Britânico". Por algum motivo, esse assunto nunca tinha surgido antes! Precisei esperar mais três anos, até a independência da Nigéria, em 1960, para acabar com essa proteção bastante arbitrária.

Espero que ninguém esteja ansioso para ouvir mais uma vez os prós e os contras do domínio colonial. De qualquer forma, de mim vocês só ouviriam os contras. Assim, gostaria de me dar um luxo que a cultura contemporânea do nosso mundo raramente possibilita: uma visão dos acontecimentos não a partir do primeiro plano, nem do plano de fundo, e sim da perspectiva do *meio-termo*.

E esse meio-termo é, naturalmente, o menos admirado dos três. É algo sem brilho; falta-lhe dramaticidade, não tem nada de espetacular. E, contudo, minha tradicional cultura igbo, que no momento da sua derrota me abandonou, ostensivamente, em um cestinho de junco nas águas do Nilo, mas conseguiu ficar me vigiando, ansiosa, de algum lugar oculto, acabou se insinuando no serviço da filha do Faraó para me criar em um palácio estrangeiro; sim, essa mesma cultura me ensinou um versinho infantil que enaltece o meio-termo, o terreno do meio, como o lugar mais feliz:

*Obu-uzo anya na-afu mmo*
*Ono-na-etiti ololo nwa*
*Okpe-azu aka iko*

O da frente, seu olho encontra os espíritos
O do meio, criança feliz, filha da fortuna
O de trás, com seus dedos retorcidos.

Por que os igbo chamam de afortunada a posição do meio? O que tem esse lugar de tão desejável? Ou melhor, que desgraça ele evita? A resposta, penso eu, é o Fanatismo. A ameaça do Caminho Único, da Verdade Única, da Única Vida. O Terror que vive completamente sozinho. Tão sozinho que os igbo o chamam de *Ajo- -ife-naonu oto*: Coisa Ruim e Pescoço Nu. Imagine, se puder, essa coisa tão sozinha, tão singularmente horrenda, que não tem sequer a companhia de um colar no pescoço. Assim, a preferência dos igbo não é pela singularidade, mas pela dualidade. Onde quer que haja Alguma Coisa, Alguma Outra Coisa virá ficar a seu lado.

O meio-termo não é a origem das coisas, tampouco das últimas coisas; ele tem consciência de um futuro para onde se dirigir e de um passado onde se apoiar; é a morada da dúvida e da indecisão, da suspensão da descrença, do faz de conta, da brincadeira, do imprevisível, da ironia. Permitam-me fazer um rápido esboço do povo igbo.

Quando os igbo deparam com um conflito humano, seu primeiro impulso não é definir quem tem razão, e sim restaurar rapidamente a harmonia. Na minha cidade natal, Ogidi, temos um provérbio: *Ikpe Ogidi adi-ama ofu onye*, o julgamento de Ogidi não vai contra um dos lados. Somos administradores sociais, não somos burocratas do Ministério da Justiça. Nosso local de trabalho não é uma escrivaninha bem-arrumada, e sim uma oficina em desordem. Em qualquer bairro há gente sábia e gente tola, e ninguém se escandaliza com isso.

Os igbo não têm fantasias otimistas sobre o mundo. Sua poesia não celebra o amor romântico. Eles têm um provérbio, que minha mulher detesta, no qual a mulher diz que não faz questão de ser amada pelo marido, contanto que ele ponha inhame na mesa do almoço todos os dias. Que triste visão de vida tem essa mulher! Mas, espere, e o homem, como fica? Um velho aldeão me disse um dia (não baseado em um provérbio, mas na vida real): "Minha sopa favorita é de *egusi*. Então mando minha mulher nunca me servir sopa de *egusi* nesta casa. E assim ela faz *egusi* todas as noites no jantar!". Portanto, este é o quadro: a mulher renuncia ao amor para poder almoçar; e o homem mente para poder jantar!

O casamento é uma coisa difícil; é maior do que qualquer homem e do que qualquer mulher. Assim, os igbo não pedem que você o encare, levantando um cartaz com seus princípios, tampouco lhe pedem que dê meia-volta e fuja. Eles pedem que você encontre uma maneira de lidar com a coisa. Covardia? Ora, vocês não conhecem o povo igbo.

O domínio colonial foi mais forte do que qualquer casamento. Os igbo lutaram contra ele no campo de batalha e perderam. Ergueram todas as barricadas possíveis para detê-lo, e perderam novamente. Às vezes encontro pessoas que leem romances como se fossem livros de história, e elas me perguntam por que foi tão fácil a conversão do meu povo ao cristianismo em *O mundo se despedaça*.

Fácil? Posso lhes dizer que *não* foi nada fácil, nem na história nem na ficção. Mas um romance não pode reproduzir a duração histórica; tem que ser bem condensado. Na realidade, o cristianismo não se alastrou pela terra dos igbo como um incêndio na mata. Um exemplo deve bastar. Os primeiros missionários chegaram à cidade de Onitsha, no rio Níger, em 1857. Desse posto avançado, acabaram alcançando minha cidade, Ogidi, em 1892. Vejam: a distância entre Onitsha e Ogidi é de apenas onze quilômetros. Onze quilômetros em trinta e cinco anos, ou seja, um quilômetro e meio a cada cinco anos. Isso não é nenhum furacão.

Preciso manter a promessa de não fazer um discurso sobre o colonialismo. Mas vou expressar, com palavras simples, qual é minha objeção fundamental ao domínio colonial.

A meu ver, é um grave crime qualquer pessoa se impor a outra, apropriar-se de sua terra e de sua história, e ainda agravar esse crime com a alegação de que a vítima é uma espécie de tutelado ou menor de idade que necessita de proteção. É uma mentira total e deliberada. Parece que até o agressor sabe disso, e é por essa razão que ele às vezes procura camuflar seu banditismo com essa hipocrisia tão descarada.

No fim do século XIX, o rei Leopoldo da Bélgica, cujas atividades no Congo mostram bem o porquê da triste fama do colonialismo, ainda foi capaz de pronunciar estas palavras com a cara mais séria do mundo:

> Apraz-me pensar que nossos enviados, quase todos voluntários vindos das fileiras do Exército belga, têm sempre em mente a forte noção da carreira que escolheram e são animados pelo mais puro sentimento de patriotismo; sem poupar seu próprio sangue, pouparão ainda mais o sangue dos nativos, que neles verão os protetores todo-poderosos de suas vidas e de seus bens, professores benevolentes de quem eles tanto necessitam.[1]

Seria rematada tolice sugerir um paralelo entre o domínio colonial britânico na Nigéria e as escandalosas atividades de Sua Serena Majestade Leopoldo II no Congo. No entanto, não podemos ignorar o pressuposto básico de todas as potências europeias que participaram da Corrida à África. Assim como toda a Europa contribuiu para a construção do terrível personagem de Mr. Kurtz em *Coração das trevas*, de Conrad, da mesma forma toda a Europa colaborou na criação dessa África que Kurtz foi libertar e que acabou apenas subjugando a um terror obsceno.

As grandiosas palavras do rei Leopoldo II podem nos lembrar que o colonizador também foi ferido pelo sistema que ele próprio criou. Pode não ter perdido a terra e a liberdade, como ocorreu com sua vítima colonizada, mas pagou o preço de perder várias coisas aparentemente pequenas, como o senso do ridículo, o senso de medida, o senso de humor. Vocês acham que Leopold II teria sido capaz de dizer a si próprio: "Corta essa, meu chapa, isso é pura conversa. Você sabe muito bem que a razão pela qual seus enviados estão lá matando e mutilando gente é que o Tesouro belga precisa do dinheiro da borracha e do marfim"? Admitir a culpa não absolve, necessariamente, o agressor, mas pode, pelo menos, abreviar a recitação dos crimes e a experiência de reviver as dolorosas provas.

E o que dizer da vítima? Ser despojado de seus bens não é motivo para riso, claro, nada que desperte o bom humor. Contudo, o mais incrível é que os despossuídos muitas vezes transformam sua impotência em algo útil e riem dela, e assim se elevam acima da desolação e do desespero. E por um triz conseguem salvar sua essência humana, pois o humor é algo essencialmente humano!

Na virada do século XX, minha mãe, depois de prometida em casamento ao meu pai, que era evangelista, foi enviada à recém-fundada Escola para Moças Santa Mônica, no nosso distrito, a primeira do seu tipo no território igbo. Como favor especial, foi morar na casa da diretora, Miss Edith Ashley Warner, e de seu pequeno grupo de professores de inglês, cuidando dos afazeres domésticos em troca de educação e sustento. Sendo filha de um ferreiro da aldeia, achou sua nova vida estranha, fascinante e por vezes assustadora. Nos primeiros tempos, sua experiência mais aterrorizante foi descobrir certa noite, em uma tigela de água, a dentadura dupla de sua chefe — ou, nas palavras de minha mãe, "sua boca inteirinha".

Quando eu era adolescente, mais de trinta anos depois, a foto de Miss Warner continuava na nossa parede. Na verdade ela era muito bonita, e na foto sua boca parecia normal. "Uma perfeita dama", nas palavras do escritor Amos Tutuola.

Uma noite, ela disse à minha mãe para comer a comida no prato e depois lavá-lo com cuidado. Parece que ela estava aprendendo o idioma igbo e o usou nessa ocasião. Ela disse: "*Awakwana afele*", que deveria significar "Não quebre o prato", só que os verbos igbo às vezes são bem complicados. Minha mãe não se conteve e deixou escapar uma risadinha mal reprimida, o que foi um grande erro. Aquela dama vitoriana não achou a mínima graça. Pegou um enorme pedaço de pau e deu-lhe uma tremenda surra. Mais tarde chamou-a e lhe deu um sermão sobre boas maneiras: "Se eu falar errado seu idioma, você deve me dizer qual a maneira certa; mas é errado rir de mim", ou algo do gênero.

Ouvi minha mãe contar essa história muitas vezes, e toda vez ríamos de novo, pois "*Awakwana afele*" é uma maneira de falar de bebezinhos, que soa absolutamente hilária.

Quando chegou minha vez de ir à escola primária, em 1936, já não havia professores missionários como Miss Warner. Nesse nível de ensino, a educação estava toda a cargo de professores nativos; mas o legado das surras inclementes permaneceu, com uma pequena alteração apenas. Não se levavam pauladas por rir de um erro, e sim por cometê-lo.

Não foram os chineses que inventaram os cartazes de educação cultural; foi meu pai. Ao lado da foto de Miss Warner, havia um quadro emoldurado com o lema da Escola Santa Mônica, em letras azuis. Dizia: "Speak true, Live pure, Right wrong, Follow the king" [Falar a verdade, Viver com pureza, Consertar os erros, Seguir o rei].

Quando comecei a aprender minhas primeiras palavras de inglês na escola, eu queria, naturalmente, testar meus conhecimentos lendo os vários cartazes pendurados na parede de casa. Lembro da dificuldade que tive para decifrar "Right wrong". Eu ficava imaginando o que seria aquilo, afinal — certo ou errado? Creio que até mesmo a séria Miss Warner iria sorrir com meu problema com os substantivos e os verbos em inglês.

Meu pai cobria nossas paredes com os mais diversos materiais de ensino. Havia o almanaque anual da Sociedade Missionária da Igreja, com fotos de bispos e outros dignitários. O mais interessante, porém, eram as grandes colagens que meu pai criava. Ele encomendou a um carpinteiro da aldeia várias molduras de madeira branca, grandes mas leves, as quais forrava com papel pardo ou preto. Nesse papel ele colava todo tipo de ilustrações em cores vivas, tiradas de revistas velhas. Lembro-me de uma imagem impressionante do rei George V todo vestido de vermelho e dourado, de espada na cintura. Havia também um homenzinho engraçado dando uma passada enorme. Chamava-se Johnnie Walker. Havia nascido em 1820, segundo a imagem, e ainda continuava forte. Quando fiquei sabendo, muitos anos depois, que aquele homem extraordinário era apenas um anúncio de uísque escocês, tive uma enorme sensação de perda pessoal. Havia ainda um anúncio da Rede Ferroviária da Nigéria em que os grandes "N" e "R" de "Nigerian Railways" também serviam para "National Route" [Rede Nacional]. Isso me causava problemas, pois me lembro de ler o cartaz como "Nigerian National Railway Route"

[Rede Nacional Ferroviária Nigeriana] — o que também fazia sentido!

Assim, minha educação começava nas paredes de casa, atravessava de forma desordenada a aldeia toda, e ia até a Escola Central St. Philip da Sociedade Missionária da Igreja, e vice-versa. Foi pura desfaçatez minha sugerir, no início deste relato, uma comparação entre minha insignificante história e a história de Moisés. Seria como um pirilampo se comparar à lua cheia. Peço desculpas. Eu me deixei levar pelo entusiasmo. Mas é verdade que a aldeia de Ogidi me vigiava, de maneira sub-reptícia, através do exílio do cristianismo. Meu rio, porém, não era o Nilo, e sim o Níger. De fato, nosso título oficial era "diocese no Níger". Não "do Níger", mas "no". Nosso bispo era bispo no Níger.

Quando eu era garoto, apenas parte da aldeia de Ogidi estava cristianizada e ela ainda oferecia seus espetáculos e sons tradicionais, dos quais eu — um menino cristão — ficava, tecnicamente, excluído; exclusão que tornava tudo aquilo ainda mais atraente. Como todas as crianças, eu esperava ansiosamente pelo Festival de Nwafor, o feriado mais importante do ano, durante o qual ancestrais mascarados de todo tipo deixavam suas moradas subterrâneas e, passando através dos formigueiros, vinham visitar os vivos. Durante oito dias inteiros nós os víamos, de uma distância razoável, pois eles e seus acompanhantes levavam feixes de chicotes, com os quais por vezes açoitavam a si próprios para provar sua força e resistência, e certamente castigariam você ou quem quer que estivesse à vista. Nós contávamos quantos mascarados víamos por dia, calculávamos a soma ao final dos oito dias e então comparávamos nosso total com o do ano anterior. Em um ano bom, o número chegava a bem mais de uma centena. E, segundo a regra, mesmo que você visse o mesmo mascarado dez vezes (como podia acontecer com os mais vivazes), só podia contá-lo uma vez.

E depois os sons da aldeia.

Havia linguagem, cantada e falada, por toda parte. É verdade que o cristianismo dividia a cidade em duas — o povo da igreja e o povo do mundo —, mas a fronteira entre os dois tinha muitas passagens. O cristão comum apreciava as cenas e os sons das festas tradicionais. Os não cristãos, de sua parte, nos observavam de perto e encaravam algumas de nossas práticas com um ar divertido e indulgente. Na canção mais aclamada daqueles dias — "Egwu obi", "Canção do coração" —, eles imitavam nossa maneira de cantar na escala tônica sol-fá:

*Ukwe ndi uka*
*Sss ddd m rd mr-e-e*

Entre a igreja e a aldeia, havia por vezes uma diferença de assunto na linguagem falada, mas não na maneira de se expressar. Em ambas havia grandes oradores. Os cristãos da geração do meu pai, que pregavam aos domingos na igreja de Saint Philip, não eram todos oradores, mas um bom número deles era. Embora a Igreja Anglicana, numa tentativa equivocada de unificação, tivesse desferido um duro golpe contra a língua igbo, impondo a ela um mecânico dialeto da "união",* essa linguagem híbrida assim criada ficava confinada entre as duas capas da Bíblia, e não vinha colocar peias no estilo dos pregadores mais sensatos, depois que liam seu texto obrigatório e fechavam a Bíblia. Um desses pregadores era conhecido por subir ao púlpito na época das festividades da aldeia e alertar os verdadeiros crentes contra o grande mal de aceitar doações de alimentos passados sub-repticiamente por cima do muro por vizinhos pagãos. Obviamente, havia um trânsito inten-

---

* Refere-se à unificação do país entre as regiões norte e sul, ao se tornar um protetorado britânico. (N. T.)

so nessas passagens. Os cristãos tinham suas próprias festas, é claro: a grande, o Natal, e a pequena, a Páscoa, embora os ministros sempre nos dissessem que era o contrário.

Havia também dois festivais leigos que animavam nosso ano cristão: o Dia do Império, em 24 de maio, e o Aniversário, em 27 de julho.

Como qualquer criança de escola sabia, o dia 24 de maio era o aniversário da rainha Vitória. Um evento escolar importante, e estudantes de todo o distrito vinham marchar, em grandes blocos, diante do governador britânico da colônia, que se postava em um estrado elevado, com seu uniforme cerimonial todo branco, luvas brancas, capacete emplumado e espada na cintura.

O dia terminava com uma competição esportiva entre as escolas. Meu primeiro Dia do Império foi memorável. Minha escola, que tinha alguns meninos grandões e deveria se sair bem no cabo de guerra, inexplicavelmente caiu em questão de segundos. Disseram que não foi uma derrota normal, e sim uma maquinação dos anglicanos; que nosso diretor teria instruído nossos meninos para perderem para o lado oposto, também de anglicanos, a fim de evitar uma vitória posterior dos católicos. As comemorações do Dia do Império se realizavam na sede da província, em Onitsha, a onze quilômetros da minha aldeia. Acho que foi em 1940, quando eu tinha dez anos e cursava o quarto ano, que me consideraram capaz de caminhar até Onitsha, ida e volta. Eu consegui, mas depois mal pude me levantar durante uma semana. No entanto, foi uma viagem que esperei com muita ansiedade e da qual me recordei com carinho durante muitos anos. Onitsha era um lugar mágico, e fez jus à sua reputação. Já de saída, olhar a paisagem lá embaixo, de um ponto elevado na estrada, de madrugada, e ver, a seis quilômetros de distância, o rio Níger rebrilhando e se refletindo no céu, era de tirar o fôlego de qualquer criança. Então o rio existia realmente! Isso depois de fazer uma viagem de 4200 quilômetros, desde as montanhas Futa Jalon, como qualquer estudante poderia lhe dizer. Bem, talvez não qualquer um. Eu tive a especial boa fortuna de ter pais que acreditavam ardentemente na educação e que guardavam velhos livros escolares que uma irmã e três irmãos mais velhos já tinham lido. Eu ia bem na escola, a ponto de ganhar o apelido de "Dicionário" de alguns admiradores. Nos jogos eu já não era tão bom; mas ninguém na nossa cultura consideraria isso um ponto negativo.

Duas outras coisas sobressaem na minha mente nessa primeira visita a Onitsha no Dia do Império. Livre das amarras que me prendiam à minha aldeia, solto em uma cidade grande com dinheiro no bolso, eu me soltei; soltei-me tanto, a ponto de gastar meio *penny* em amendoim. Depois disso, por muitos anos a simples menção da palavra "amendoim" já me revirava o estômago.

Minha outra lembrança é muito mais feliz. Vi com meus próprios olhos um homem tão lendário como a própria Onitsha, um inglês excêntrico, o dr. J. M. Stuart Young, que vivia e fazia comércio em Onitsha desde o início do século xx. Eu o vi caminhando pela New Market Road com a cabeça descoberta ao sol, direitinho como dizia a lenda. Outra lenda a respeito de Stuart Young afirmava que ele recebera ajuda de uma sereia do rio Níger, com quem fez um pacto para permanecer solteiro em troca de grandes riquezas.

Mais tarde fiquei sabendo que a história de J. M. Stuart Young continha alguns detalhes duvidosos, tais como se ele possuía ou não um doutorado. Mas provavelmente era verdade que tinha vindo à Nigéria como funcionário britânico e depois se voltou contra o sistema colonial e se tornou comerciante, decidido a desafiar, com o apoio dos africanos, o monopólio dos cartéis comerciais europeus. Ele também escrevia e publicava poesia e livros de ficção. Anos mais tarde, invoquei sua memória e seu nome no conto "Uncle Ben's Choice" [A escolha do Tio Ben].

O outro evento leigo, que chamávamos simplesmente de Aniversário, era a comemoração anual da chegada do Evangelho à terra dos igbo, em 27 de julho de 1857. Conta-se que o bispo Adjai Crowther e sua equipe de missionários, que chegaram a Onitsha naquele dia, foram pegos por uma forte pancada de chuva, e que por isso, desde então, todas as comemorações do Aniversário são prejudicadas pelo mau tempo. Talvez esses primeiros anglicanos não soubessem onde a chuva começou a castigá-los! O lado bom da comemoração do Aniversário é que os estudantes sempre ganhavam inhames e um belo cozido. Para a maioria das pessoas, era a primeira vez no ano em que provavam o suculento inhame da nova safra.

A colonização britânica na Nigéria nunca utilizou muita mão de obra. Era raro ver uma pessoa branca na administração, na igreja ou no comércio. Essa raridade, no entanto, não diminuía a autoridade deles. O nome do governador britânico da Província de Onitsha, o capitão O'Connor, era tão mencionado que em Ogidi há uma faixa etária que leva seu nome.* Mas eu só o vi duas vezes, à distância. O bispo no Níger, o reverendíssimo bispo Bertram Lasbrey, vinha à nossa igreja talvez uma vez a cada dois ou três anos. Seu sermão me decepcionou. Não sei o que eu esperava; talvez pensasse que, se os simples professores e ministros que eu conhecia eram capazes de fazer sermões tão bons, um bispo deveria deixar uma congregação ardendo em chamas. Mas talvez o problema todo fosse ele fazer o sermão usando um intérprete.

O ensino elementar começava com dois anos de jardim de infância e seis anos de escola primária. Para algumas crianças, ha-

---

* Na tradição igbo, cada faixa etária funciona como um grupo na aldeia. Esse grupo começa na infância e continua no resto da vida de cada pessoa. Na tradição igbo, nunca uma faixa etária recebera o nome de uma pessoa branca até a chegada do capitão O'Connor.

via um ano de pré-escola na chamada escola religiosa, onde passavam um ano cantando e dançando o catecismo.

Quem é César?
*Siza bu eze Rom*
*Onye n'achi enu-uwa dum.*

(César é o rei de Roma
Que domina o mundo inteiro.)

Quem é Josias?

*Josaya nwata exe*
*Onye obi ya di nlo*
*Onatukwa egwu Chineke.*

(Josias, o rei menino
De coração terno
Ele temia ao Senhor.)

Eu, porém, fui poupado disso. Creio que absorvi bastante religião em casa com os trechos bíblicos que líamos todos os dias na hora da oração, todas as manhãs e todas as noites.

A Segunda Guerra Mundial começou quando eu terminava o segundo ano na escola primária. O resto da minha educação primária se passou contra esse distante pano de fundo. Mas a guerra chegou até nós uma manhã, quando dois homens brancos e seus assistentes foram até nossa escola recrutar nosso professor de arte.

Creio que éramos leais à Grã-Bretanha e fazíamos o possível para ajudar. Lembro-me da campanha para aumentar a produção de óleo de dendê, útil para o esforço de guerra. Nosso diretor nos disse que cada coquinho de palmeira que colhêssemos na mata serviria para comprar mais um prego para o caixão de Hitler. A guerra continuava e os suprimentos para a casa e a escola iam ficando cada vez mais escassos. O sal foi severamente racionado e desapareceu do mercado aberto.

Demonstrávamos nosso espírito de luta cantando "Rule, Britannia!", mas a canção mais popular era "Germany is Falling" [A Alemanha está caindo]:

A Alemanha está caindo, caindo, caindo
A Alemanha está caindo, e não vai mais se levantar.

Se você for à Alemanha antes de mim
A Alemanha está caindo, e não vai mais se levantar.
Diga a Hitler que eu não vou para lá
A Alemanha está caindo, e não vai mais se levantar.

Se você for à Itália antes de mim
Diga a Mussolini que eu não vou para lá.

Se você for ao Japão antes de mim
Diga a Hirohito que eu não vou para lá.

Concluída a lista dos inimigos, passávamos para os amigos — que, naturalmente, estávamos dispostos a visitar:

Se você for à Inglaterra antes de mim
Diga a Churchill que eu vou para lá.

Se você for à América antes de mim
Diga a Roosevelt que eu vou para lá.

Se você for à Rússia antes de mim

Diga a Stálin que eu vou para lá.

Se você for à China antes de mim
Diga a Chiang Kai-shek que eu vou para lá.

Se você for à Abissínia antes de mim
Diga a Hailé Selassié que eu vou para lá.

Com um arranjo exuberante para solista e coro, "A Alemanha está caindo" era tão emocionante quanto "Avante, soldados de Cristo" e outras canções de guerra evangélicas.

Eu tinha duas opções de escola para o ensino médio — uma muito popular, em Onitsha, a Dennis Memorial Grammar School, instituição da Sociedade Missionária da Igreja, ou então o Government College em Umuahia, muito mais distante e menos conhecido. Meu irmão mais velho, John, que era professor e me levou para morar com ele quando eu estava no último ano do fundamental, decidiu que eu deveria ir para Umuahia. Não era a decisão que eu teria tomado. Mas no fim John demonstrou que, como sempre, estava perfeitamente certo.

Não sei o que motivou o governo colonial britânico na Nigéria, na década que se seguiu ao fim da Primeira Guerra Mundial, a criar dois colégios de primeira linha para meninos, um em Ibadan e outro em Umuahia. Quaisquer que fossem as justificativas, elas deviam ser fascinantes, porém não tive o privilégio de conhecê-las. O fato é que um clérigo inglês, um homem extraordinário chamado Robert Fisher, foi nomeado diretor-fundador do Government College em Umuahia, e a escola abriu as portas em 1929. Quando Fisher se aposentou, oito anos depois, Umuahia era sinônimo de excelência na Nigéria.

Veio então a Segunda Guerra Mundial, e outros argumentos prevaleceram nas altas esferas coloniais; o Colégio Governamental de Umuahia foi fechado e suas dependências se converteram em campo de prisioneiros de guerra para cidadãos alemães e italianos. Mesmo antes do fim da guerra, houve ainda uma terceira mudança na mentalidade colonial, e o colégio foi devolvido à educação, pronto para acolher minha geração de estudantes em 1944. A política colonial trilhava caminhos misteriosos!

Nosso novo diretor, William Simpson, um homem de Cambridge que trabalhava no serviço de educação colonial, se pôs a reconstruir a escola. E que trabalho ele fez! Sua experiência com a educação colonial deve tê-lo convencido de que "a devoção excessiva ao estudo nos livros é um grande perigo", como ele constantemente entoava para nosso bem; julgava que forçar os alunos a decorar um grande volume de informações — o que muitas vezes passava por educação nas colônias — era o maior inimigo da verdadeira educação. Embora Simpson fosse professor de matemática, decretou uma norma que promovia a leitura de romances e proibia a leitura de qualquer livro escolar depois das aulas, três dias por semana. Ele a chamou de "Lei dos Livros Didáticos". Segundo essa lei draconiana, podíamos ler ficção, biografias, revistas como a *Illustrated London News*, ou escrever cartas, jogar pingue-pongue ou simplesmente ficar sentados por ali, mas não podíamos abrir um livro didático, sob pena de ficarmos detidos na escola. E tínhamos uma maravilhosa biblioteca, da época de Robert Fisher, para respaldar a Lei dos Livros Didáticos de Mr. Simpson.

Talvez seja mera coincidência, mas os ex-alunos do Government College de Umuahia tiveram papel destacado no desenvolvimento da moderna literatura africana. O fato de que tantos colegas meus — Christopher Okigbo, Gabriel Okara, Elechi Amadi, Chukwuemeka Ike, I. N. C. Aniebo, Ken Saro-Wiwa e outros — frequentaram a mesma escola deve chamar a atenção de qualquer um que tenha familiaridade com essa literatura. O que nós líamos na biblioteca da escola de Umuahia eram os mesmos livros que os garotos ingleses liam na Inglaterra — *A ilha do tesouro, Os tempos de escola de Tom Brown, O prisioneiro de Zenda, David Copperfield*. Eles não falavam sobre nós ou sobre pessoas como nós, mas eram histórias emocionantes. Mesmo histórias como as de John Buchan, em que homens brancos lutavam heroicamente e derrotavam os repulsivos habitantes nativos, não nos perturbavam no início. Mas tudo isso acabava sendo uma excelente preparação para o dia em que teríamos idade para ler nas entrelinhas e fazer indagações...

No meu primeiro ou segundo ano em Umuahia, o governo britânico trabalhista do pós-guerra decidiu que não seria má ideia abrir uma universidade na África Ocidental. Assim, uma comissão poderosa, chefiada por Walter Elliot, foi enviada para avaliar a situação in loco. Tal era a reputação de Umuahia, que a comissão nos fez uma visita e passou um fim de semana inteiro em nossa escola. A maioria desses cavalheiros foi à capela para o culto de domingo de manhã, mas Julian Huxley, o famoso biólogo, ficou percorrendo nosso extenso território, observando aves com seu binóculo.

O Relatório da Comissão Elliot levou à fundação da primeira instituição universitária da Nigéria: um colégio em Ibadan com uma relação especial com Londres. Quando a construção terminou, eu já estava pronto para o ensino universitário, portanto fui para lá. Na época, eu já não era uma "Criança sob o Protetorado Britânico", e sim uma "Pessoa sob o Protetorado Britânico".

Uma das figuras mais marcantes que encontrei em Ibadan foi James Welch, professor de estudos religiosos. Fiquei intrigado com as muitas coisas que ele já tinha feito, segundo se dizia, antes de vir para Ibadan — fora diretor da programação religiosa da BBC em Londres; capelão do rei; diretor de uma faculdade de teologia. E até já estivera na Nigéria antes de tudo isso, como missionário nos anos 1930; no fim da guerra voltou à África como diretor educacional do malsinado Projeto do Amendoim da África Oriental.

No meu último ano em Ibadan, certa vez tive a oportunidade de conversar com o professor Welch sobre um dos muitos desentendimentos que os alunos começavam a ter com o colégio. Na época ele era o vice-diretor. Um tanto exasperado, ele me disse: "Pode ser que não sejamos capazes de ensinar o que vocês querem ou mesmo o que vocês precisam. Só podemos ensinar o que nós sabemos".

Mesmo exasperado, James Welch continuou calmo e sensato. Que mais pode fazer um professor honesto e consciencioso senão ensinar aquilo que sabe? Os professores de verdade que tive na vida eram pessoas que não sabiam, necessariamente, quais seriam minhas necessidades futuras, mas ainda assim seguiam em frente com boa-fé e entusiasmo, transmitindo-me o que sabiam e deixando que eu escolhesse o que poderia utilizar em minha busca de tudo que me fosse mais favorável. Como o colonialismo era essencialmente uma negação da dignidade humana e do valor do ser humano, seu programa de educação não poderia ser um modelo de perfeição. Contudo, o que é grandioso no ser humano é nossa capacidade de enfrentar e vencer a adversidade, não nos deixando definir por ela, nos recusando a ser apenas seu agente ou sua vítima.

O que tentei sugerir neste ensaio que vai caminhando de modo errante é a força da imprevisibilidade na vida humana. Eu poderia ter me detido nas duras humilhações do domínio colonial ou nos dramáticos protestos contra ele. Mas também sou fascinado pelo meio-termo, esse terreno intermediário de que já falei, onde o espírito humano reluta em reduzir sua humanidade. Isso se encontrava principalmente no campo do colonizado, mas de vez em quando também nas fileiras do colonizador.

O reverendo Robert Fisher era um espírito assim. Tecnicamente, pertencia ao campo do colonizador. Mas tal foi a visão e a paixão que trouxe à sua tarefa de criar uma nova escola em Umuahia, que, quando um bispado lhe foi oferecido no decurso de seu trabalho, ele recusou. Anos depois, tentou fazer pouco dessa decisão, dizendo que de qualquer maneira não seria um bom bispo. Mas não foi esse o motivo. A insígnia que ele trouxe a Umuahia foram duas tochas, uma negra e uma branca, brilhando juntas em silêncio. Uma geração depois, um professor australiano acrescentou sob essa divisa um lema em latim: "*In unum luceant*", "Que brilhem juntos".

E havia William Simpson, professor de matemática, que ficaria muito surpreso se alguém lhe dissesse, lá nos anos 1940, que ele estava preparando o terreno para o início da moderna literatura africana.

Ou mesmo aquele estranho inglês J. M. Stuart Young, que optou por abandonar o sistema colonialista em Onitsha e entrar em concorrência contra sua própria gente, com gigantescas companhias comerciais europeias. Sua ambição de abrir o comércio aos negociantes africanos talvez parecesse quixotesca na época, mas o povo de Onitsha o admirava; quando morreu, fizeram-lhe um grandioso enterro tradicional.

Pessoas como essas estenderam as mãos sobre a severa divisão imposta pelo colonialismo e tocaram muitos de nós do outro lado. Mas o mais importante, muito mais importante mesmo, é que, ainda que essas mãos não tivessem se estendido para nós, ainda assim teríamos sobrevivido às tribulações coloniais, como já havíamos sobrevivido a tantas outras antes, através dos milênios. Contudo, o fato de eles realmente terem estendido as mãos constitui uma grandiosa história humana.

Em 1976, as relações dos Estados Unidos com a Nigéria atingiram seu ponto mais baixo, devido à maneira especialmente desastrada com que os americanos lidaram com a questão angolana-cubana-sul-africana. Henry Kissinger, cuja indiferença pela África beirava o cinismo, decidiu, por fim, encontrar-se na ONU com Joseph Garba, ministro do Exterior nigeriano. Em uma jogada de simpática condescendência, Kissinger perguntou a Garba o que, segundo ele, a América estava fazendo de errado na África. Ao que Garba respondeu, duro como pedra: "Tudo!". O comentário seguinte de Kissinger foi ao mesmo tempo valioso e, lamento admitir, verdadeiro. Ele disse: "Estatisticamente, isso é impossível. Mesmo que não de maneira intencional, devemos estar fazendo alguma coisa certa".[2]

Esse diálogo bem poderia ser sobre o colonialismo.

*1993*

# O doce aroma da cozinha de Zik: crescendo no ambiente de uma lenda viva

Se você é cego, descrever um elefante é fácil. Você pode dizer, como fez um dos seis cegos da fábula, que ele é parecido com um enorme tronco de árvore; ou talvez com um gigantesco leque de abano; ou com uma enorme corda; e assim por diante. Mas ter olhos, em vez de facilitar tais descrições, na verdade as dificulta.

Então o que fazer se tivermos que descrever um fenômeno tão vasto como Azikiwe? Você pode pegar um pedacinho que conhece um pouco e relatar tudo a respeito, mas sem a pretensão de achar que com isso você contou a história toda.

Vou seguir meu próprio conselho e refletir sobre um pequenino segmento da história de Azikiwe. Mas vocês já percebem a minha dificuldade pelo fato de que eu não consigo decidir qual dos dois títulos usar; e já estou percebendo mais um ou dois surgindo lá do fundo — por exemplo, "Dr. Nnamdi Azikiwe: Zik da África", o primeiro presidente da Nigéria.

Lembro-me, com detalhes precisos e completos, do primeiro dia em que vi o nome de Azikiwe impresso e percebi que eu me enganara sobre seu nome toda a minha vida. Eu devia ter uns seis ou sete anos. Tinha ido visitar os filhos de um vizinho, um professor da igreja que morava na nossa rua, três casas mais adiante. Ao contrário do meu pai, que se aposentou do trabalho de evangelização e agora vivia permanentemente na nossa aldeia, com uma grandiosa aposentadoria de uma libra e dez xelins por mês, esse vizinho continuava ativo no serviço missionário e só voltava para casa em Ogidi uma vez ou outra. Sua casa, tal como a nossa, era moderna: paredes de barro e telhado de zinco.

Quando entrei na sala da frente, chamada "piazza" no vocabulário da arquitetura missionária, vi um novo almanaque pendurado na parede e fui logo examiná-lo. Naquele tempo eu era tão curioso sobre cartazes como meu pai era consciencioso em colocar as novidades na parede de casa todos os anos, na época do Natal. Grande parte da minha educação veio desses cartazes.

Mas o almanaque que vi na parede do nosso vizinho era diferente de qualquer um da minha casa. Os nossos eram da Sociedade Missionária da Igreja, com retratos de bispos e fotos de catedrais. O almanaque do nosso vizinho, pelo que me lembro, tinha o título de União pelo Desenvolvimento de Onitsha, ou algo assim.

Sentado na primeira fila, em uma foto de grupo, via-se de terno branco Nnamdi Azikiwe — um dos mais populares combatentes nacionalistas na África Ocidental que lutaram pela liberdade contra o domínio colonial. Li seu nome, "Azikiwe", repetidas vezes, contendo a surpresa. Eu nunca o tinha visto escrito, só falado. Na verdade, já tinha ouvido esse nome inúmeras vezes, tantas que julgava conhecê-lo perfeitamente. E agora, cara a cara com ele na forma impressa, percebi de repente que na verdade eu não conhecia a forma correta.

Vejam só, até aquele dia eu o chamava como se ele tivesse dois nomes, "Aziki Iwe". Dois nomes: Isaac, um nome cristão estrangeiro, e Iwe, um sobrenome igbo. Um amigo de meu pai, outro professor aposentado da igreja, se chamava Isaac Okoye, e eu pensava que "Azikiwe" era o mesmo tipo de nome, já que "Isaac" em inglês se pronuncia "Ai-zak". Isso até o dia em que recebi aquela súbita iluminação fitando a parede da casa do vizinho. Mas não saí correndo para contar a todos os meus amigos a minha ignorância anterior. Assimilei calmamente e em silêncio a nova informação e mantive a novidade no meu coração. É uma das poucas lembranças daqueles dias longínquos que guardo com a máxima clareza. Suponho que deve ter tido grande importância para minha consciência em evolução.

Anos mais tarde, dois ou três anos talvez, julgaram que eu já tinha idade suficiente para participar das comemorações do Dia do Império em Onitsha, famosa cidade no rio Níger, a onze quilômetros da minha aldeia. Naquele tempo era preciso ter idade para isso, pois só se podia ir a qualquer lugar a pé. No caminho para Onitsha, vi no mato, à beira da estrada, um marco de concreto de um agrimensor com a inscrição "Professor Nnamdi Azikiwe". Creio que é o mesmo local onde hoje fica sua casa em Onitsha. Posso estar errado, mas quem se importa? As lendas vivas nem sempre estão onde pensamos que estão.

O que eu quero apresentar, de forma bem resumida, é uma breve reminiscência pessoal do impacto do homem que se elevava sobre o mundo dessa criança como um gigante, um colosso.

É interessante e, creio eu, significativo e apropriado, que eu tenha tido consciência dele primeiro pelo modo oral, generalizado e nebuloso, antes de ele se cristalizar para mim em letra de forma, de um jeito mais tranquilo. Na verdade Azikiwe se saía bem de qualquer maneira, exercendo seus recursos de oratória com tanta eficácia quanto seus poderes no jornalismo impresso.

O que estou tentando transmitir é difícil de descrever por sua própria natureza — a encruzilhada entre a história e a lenda em um momento de transição. Dizer que o nome de Azikiwe era conhecidíssimo na minha região da Nigéria na primeira década da minha vida seria verdadeiro, mas insuficiente. De modo geral, era um nome que pairava mais no ar que respirávamos do que no falatório doméstico das nossas casas. Havia nele um toque emocionante de magia — algo que subia à cabeça e dava até uma certa embriaguez.

Muito mais tarde, ouvi uma história dizendo que Zik, ao voltar dos Estados Unidos, candidatou-se para lecionar no Colégio Superior Yaba, em Lagos, e foi rejeitado pela administração colonial britânica. Se isso é ou não verdade, não sei, e pouco me importa! Eu gosto dela; deveria ser verdadeira. Havia um editor excêntrico no *Hansard*, o arquivo oficial dos debates parlamentares na Grã-Bretanha. Certo dia, reza a história, um parlamentar irritado invadiu o escritório do editor, jogou um jornal aberto na mesa e exclamou: "Eu nunca disse isso!". Ao que o editor respondeu calmamente: "Sei que o senhor não disse; mas *deveria* ter dito".

É assim que eu me sinto em relação ao pedido de Zik para lecionar no Colégio Yaba. Se isso não aconteceu, *deveria* ter acontecido. E nos daria um excelente exemplo de justiça poética, com o qual podemos nos rejubilar e dizer ao colonialismo: *Ntoo*, bem feito!

Dez anos antes de Azikiwe, outro grande nacionalista africano também voltou para a África Ocidental depois de estudar nos Estados Unidos. Seu nome era James Kwegyir Aggrey, o dr. Aggrey da Costa Dourada. O serviço colonial o aceitou no Achimota College não como diretor, como ele merecia, mas como assistente de um clérigo inglês, simpático porém inexpressivo. E dessa forma Aggrey foi cooptado e contido pelo domínio colonial.

Azikiwe escapou do destino de Aggrey e conseguiu planejar a estratégia de sua revolução — um extenso projeto educacional, não restrito a instituições, mas espalhado pelas ruas e vielas das cidades e aldeias da Nigéria. "Mostre a Luz e as pessoas encontrarão o caminho." Ele mostrou, e elas encontraram.

Havia política em Lagos antes de Zik voltar ao país em 1937.

Havia até mesmo jornais antes de o *West African Pilot* vir com sua luz. Mas a política e os jornais serviam a um pequeno grupo de moradores urbanos instruídos e abastados. Já se disse que os editoriais dos jornais de Lagos daquela época costumavam ser temperados com boas doses de longas citações latinas. Azikiwe lançou sua luz em meio ao povo e transformou a Nigéria da noite para o dia. Os funcionários do governo, os professores das escolas missionárias, os estudantes, os funcionários das casas comerciais de proprietários europeus, os comerciantes nos mercados — tanto os instruídos como os semi-instruídos — começaram a ler artigos de jornal que tratavam da liberdade política e dos problemas sociais de suas cidades e comunidades. Cantores populares gravaram discos louvando Zik nwa Jelu Oyibo, o menino que viajou até a terra dos brancos.

Nossos senhores coloniais não eram, de modo algum, novatos em matéria de reprimir agitação entre seus súditos. Muitas autoridades escolares proibiram os jornais de Zik em suas instituições, o que só fez torná-los ainda mais atraentes. Eu frequentava uma escola mais esclarecida, onde os professores não falavam em proibir, mas nos mostravam como os artigos eram mal escritos — o que não era surpresa, em vista do baixo nível da educação americana. Lembro-me do meu professor de inglês, no segundo ano, nos dando um exame em que devíamos explicar palavras inacreditáveis como "governamental" e "escatológico". Todos nós tiramos zero nessa questão e depois ele nos revelou que havia tirado essas palavras de um número recente de um jornal de Zik. Suponho que era uma maneira de nos dizer que mau fim teríamos se seguíssemos o bombástico exemplo de Zik. Na verdade, acabou sendo uma maneira muito eficaz de aprender novas palavras em inglês e lembrá-las para sempre.

Esses dias, naturalmente, eram os primórdios da luta anticolonial. Enquanto crescia a influência de Zik, cresciam também as medidas para contê-lo; por fim, o método mais eficaz foi o que poderíamos chamar, olhando agora para trás, de complexo de Buthelezi, em que o colonizador deixa desnorteado o movimento pela liberdade ao apoiar certos líderes de facções em suas fileiras. Isso foi feito na Nigéria com tanta habilidade que a independência da Grã-Bretanha, ocorrida em 1960, foi praticamente uma armadilha, e assim permanece até hoje.

Este pode ser o momento apropriado para explicar o título um tanto fantasioso deste digressivo ensaio. Lembro-me de uma das festas ao ar livre de Primeiro de Outubro oferecidas pelo dr. Azikiwe na sede do governo em Lagos, no início dos anos 1960. Vivia-se em grande estilo naqueles dias, e uma das bandas que tocaram na festa foi a do famoso Eleazer Arinze e Sua Música. Tocaram uma de suas melhores composições, que saudava Zik como um mestre-cuca incomparável e dizia que o maravilhoso aroma de sua cozinha já flutuava ao vento, alcançando todos os cantos da nossa terra — a norte, leste e oeste.

O objetivo da letra dessa música, que não passaria despercebido a nenhum nigeriano, era dizer que — se me permitem mudar a metáfora — foi Zik quem preparou o bolo da independência nacional, e agora outros se acotovelavam para comê-lo.

O letrista talvez pensasse nos rivais políticos de Zik, mas a metáfora se aplicava muito bem a todos nós.

Quando Zik voltou à Nigéria em 1937, era impossível um nigeriano ser nomeado para um alto cargo do serviço público. Esses postos, na verdade, eram chamados de "cargos europeus".

Em 1953, quando me formei no University College, em Ibadan, não me dei ao trabalho de procurar emprego; um trabalho na rádio veio, sem exagero, até minha porta. Cinco anos depois, quando Azikiwe era primeiro-ministro da Nigéria Oriental, eu, na avançada idade de 28 anos, era diretor das emissoras da Região

Leste da Nigerian Broadcasting Corporation. E assim entendi a canção sobre o doce aroma da cozinha de Zik.

Foi então que tive meu primeiro contato com a política partidária da Nigéria. Certa manhã, quando ia começar a ler os relatórios do dia, minha secretária anunciou a chegada, sem nenhum aviso, de uma delegação governamental que viera me ver. Era realmente uma delegação poderosa, com dois ministros de gabinete, o secretário particular do primeiro-ministro e um líder eloquente e indignado da ala juvenil do partido que estava no poder na região. Pediram desculpas por terem vindo sem avisar e sem demora me apresentaram sua queixa. Minha emissora, segundo eles, estava apoiando algumas pessoas inúteis que havia pouco tempo tinham rompido com o partido do governo e agora o desafiavam em uma campanha com fins eleitoreiros. A razão dessa grave acusação contra nós era que transmitíamos regularmente os absurdos ditos por essas pessoas, e que eu tinha até mandado um dos meus jornalistas viajar com a equipe de campanha do inimigo. Expliquei que estávamos adotando os métodos normais de coleta de informações da nossa emissora, e garanti aos meus visitantes que logo que a campanha deles decolasse nós lhes daríamos uma cobertura ainda maior, pois o partido deles era maior. Eles pareceram satisfeitos e foram embora; mas naquela tarde, em sua convenção nacional, aprovaram uma moção de não confiança na minha emissora, e foram ainda mais longe ao anunciar o plano de acabarem com o monopólio da Nigerian Broadcasting Corporation, criando uma organização regional de rádio e televisão a fim de expulsá-la da Nigéria Oriental.

Eram tempos duros, difíceis. Estávamos aprendendo, com muito esforço, as regras de uma democracia rudimentar. Os britânicos sempre alegaram ter nos ensinado o modelo Westminster de democracia parlamentar, e que nós estragamos tudo. Nada poderia ser mais absurdo. É como dizer que você ensinou alguém a nadar fazendo-o rolar nas areias do Saara. A administração colonial britânica não era, em absoluto, uma democracia, e sim uma ditadura nua e crua. O dr. Azikiwe, que é basicamente um democrata humanista, viu-se cercado, na fase crítica da transição, por fanáticos criados sob o colonialismo, que pouco compreendiam o autocontrole voluntário exigido dos que pretendem praticar a arte da democracia.

É bem compreensível que o cego que mais falou até agora sobre Azikiwe tenha sido um estudioso de sua política. A contribuição de Azikiwe para a política de libertação da África foi enorme. Mas definir sua obra simplesmente em termos de sua política seria reduzir de forma drástica seu significado. O que o distingue de todos os seus rivais na disputa pelo mais alto cargo da Nigéria, e de todos os seus sucessores nessa posição, é a amplitude e a variedade de seus interesses, entusiasmos e realizações. Já o defini como democrata e humanista. Permitam-me mencionar minha experiência pessoal com ele no terreno das artes.

O ano em que seu partido praticamente declarou guerra à emissora de rádio que eu dirigia foi também o ano em que meu primeiro romance foi publicado. Enviei-lhe um exemplar autografado e ele me respondeu com uma carta extremamente gentil (assinada por ele mesmo, não por um secretário). Dava para ver que ele iria ler o livro.

Anos depois, quando ele se mudou para Lagos como governador-geral e eu também tinha me mudado, na minha pequena órbita, ele autorizou uma apresentação de uma adaptação teatral do romance, e concedeu a mim e à minha mulher o privilégio de nos sentarmos ao lado dele e de sua esposa naquela ocasião.

Correndo o risco de fazer este ensaio parecer autopropaganda e não uma homenagem a Zik, devo mencionar que recebi de suas mãos o primeiro Troféu do Governador-Geral pelo meu segundo romance, na comemoração do primeiro aniversário da independência da Nigéria. Esse ritual pereceu, logo depois de inaugurado por Azikiwe, varrido na torrente de materialismo vulgar que parece mais típica da mentalidade dos rivais de Azikiwe e de seus sucessores.

Devo concluir mencionando o pan-africanismo de Azikiwe, outra característica que o coloca longe da maioria de seus homólogos. Desde seus primeiros dias no jornalismo, ele garantiu a presença da diáspora africana nas páginas do *West African Pilot*. Por exemplo, qualquer leitor desse jornal conhecia George Padmore, um intelectual radical das Índias Ocidentais que ali escrevia uma coluna regular de grande influência. Em 1960, quando Azikiwe fundou a Universidade da Nigéria, em Nsukka, ele batizou várias escolas, faculdades e departamentos com o nome dos ilustres afro-americanos Leo Hansberry, Paul Robeson e Washington Carver.

É justo e apropriado que a Lincoln University, onde esse jovem iniciou sua incrível jornada, reconheça agora, dessa forma, até onde ele chegou.

*1994*

# Meu pai e eu

Meu pai nasceu nos anos 1880, quando os missionários ingleses começavam a se misturar a seu povo, os igbo da Nigéria Oriental. Ele foi um dos primeiros convertidos ao cristianismo e um bom aluno, e em 1904 considerou-se que já tinha recebido educação suficiente para ser contratado como professor e evangelista na Missão Anglicana.

A retórica missionária sobre a mudança e a boa-nova ressoou tão profundamente em meu pai, que ele deu a seu primeiro filho o nome de Frank Okwuofu ("Nova Palavra"). O mundo fora duro com meu pai. Quando criança, foi órfão: sua mãe morreu durante o segundo parto, e seu pai, Achebe, refugiado de uma terrível guerra civil em sua cidade natal, não sobreviveu muito tempo à mulher. Assim, meu pai não foi criado por seus pais (de quem ele não tinha lembrança alguma), e sim pelo seu tio materno, Udoh. Foi esse homem, pela força do destino, quem recebeu em sua propriedade o primeiro grupo de missionários da cidade. Conta-se que Udoh, um homem muito generoso e tolerante, por fim se fartou e pediu aos visitantes que se mudassem para um parque público, especialmente devido à cantoria deles, que considerava muito melancólica para ser cantada na casa de um homem vivo. Mas ele não desencorajou o sobrinho, ainda criança, de se associar aos cantores nem de escutar sua mensagem.

A relação entre meu pai e seu tio já idoso foi instrutiva para mim. Havia ali algo de profundo e místico, a julgar pela reverência que eu via e sentia na voz de meu pai e no ar que ele assumia sempre que falava sobre o tio. Um dia, em seus últimos anos de vida, ele me contou um sonho estranho. Seu tio, como um viajante vindo de longe, tinha interrompido uma longa jornada a fim de passar um breve momento com ele, para perguntar como estavam as coisas e admirar a casa "moderna" do sobrinho, de paredes de barro caiadas e telhado de zinco.

Meu pai era homem de poucas palavras, e sempre lamentei não lhe ter feito mais perguntas. Mas percebo também que ele se esforçava para me dizer o que julgava que eu precisava saber. Ele me contou, por exemplo, de maneira bastante arrevesada, sua única tentativa, feita havia muito tempo, de converter o tio. Isso deve ter sido na juventude de meu pai, nos seus dias inebriantes de proselitismo! O tio dissera que não e apontou para a impressionante fileira de insígnias de seus três títulos. "E o que devo fazer com isso aqui?", perguntou a meu pai. Era uma questão portentosa, crucial. O que eu vou fazer com quem eu sou? O que vou fazer com a história?

Um menino órfão nascido na adversidade, herdeiro de tumultos, barbaridades, convulsões desenfreadas de um continente jogado no caos: seria de surpreender que acolhesse de braços abertos as explicações e os remédios oferecidos por adivinhos e intérpretes de uma nova palavra?

E seu tio Udoh, um líder da comunidade, homem de elevada moral e de mente aberta, um homem próspero que tinha preparado uma festa tão grandiosa quando assumiu o título de *ozo*, que seu povo lhe outorgou um nome único e exclusivo. Deveria ele jogar tudo isso fora, só porque alguns estranhos tinham vindo de longe dizer isso? Esses dois — meu pai e seu tio Udoh — formularam a dialética que herdei. Udoh fincava o pé firmemente naquilo que sabia, mas deixava espaço para o sobrinho procurar outras respostas. A resposta que meu pai encontrou na fé cristã resolvia muitos problemas, mas não todos, longe disso.

Os grandes dons com que ele me presenteou foram seu apreço pela educação e o reconhecimento deste fato: quer contemplemos uma única família humana ou toda a sociedade humana, o crescimento só pode ser incremental, e cada geração deve reconhecer e aceitar a tarefa que precisa desempenhar, para a qual foi especialmente designada pela história e pela providência.

De onde estou agora, percebo o enorme valor do meu tio-avô, Udoh Osinyi, e de seu exemplo de fidelidade. Também saúdo meu pai, Isaiah Achebe, pelos 35 anos que serviu como evangelista cristão e por todos os benefícios que seu trabalho e o trabalho de outros como ele trouxeram a nosso povo. Eu mesmo sou um grande beneficiário da educação que os missionários transformaram em um elemento fundamental de seu trabalho. Meu pai fazia muitos elogios aos missionários e à mensagem deles, e eu também faço. Mas aprendi a ser um pouco mais cético sobre eles do que meu pai tinha necessidade de ser. Será que não importa, pergunto eu, que séculos antes de esses cristãos europeus virem até nós em seus navios para nos trazer o Evangelho e nos salvar da escuridão, seus antepassados, também viajando por mar, entregaram nossos antepassados ao horrendo tráfico transatlântico de escravos, lançando nosso mundo na escuridão?

*1996*

# O que é a Nigéria para mim?

A nacionalidade nigeriana foi para mim e para minha geração um sabor adquirido — tal como um bom queijo. Ou, melhor ainda, tal como a dança de salão. Não a dança em si, porque esta vem naturalmente, mas a versão excitante dela, lento-lento-rápido-rápido-lento, em íntimo contato corporal com uma mulher, tendo ao fundo uma batida estranha, misteriosa. Descobri, porém, que bastava superar minha falta de jeito inicial que eu seria capaz de dançar até que muito bem.

Talvez analogias irreverentes como essas só ocorressem a alguém como eu, nascido em uma um tanto caótica condição colonial fortemente multiétnica, multilíngue e multirreligiosa. Meu primeiro passaporte me definia como "Pessoa sob o Protetorado Britânico", uma identidade nada animadora, definida com palavras que... ora, ninguém morreria por elas. Não quero dizer que fossem totalmente desprovidas de significado emocional. Afinal, "Britânico" significava que você se situava em algum ponto daquele vermelho flamejante no mapa-múndi, que naqueles dias cobria um quarto do planeta e se chamava "o Império Britânico, onde o sol nunca se põe". Aquilo soava bem aos meus ouvidos infantis — uma fraternidade mágica, um tanto vaga porém indiretamente gloriosa.

Mas estou me adiantando. Ter consciência de mim mesmo, na cidade de Ogidi, não significava nada dessas coisas britânicas e tampouco, aliás, das coisas nigerianas. Isso veio depois, com meus avanços na escola. Ogidi é uma das milhares de "cidades", se não mais, que compõem a nação igbo, um dos maiores grupos étnicos da Nigéria (e da África). Mas os igbo, que contam mais de 10 milhões de indivíduos, são uma "nação" curiosa. Já foram chamados de "povo sem Estado" ou "acéfalo" por antropólogos; de "contestadores" por aqueles enviados para administrá-los. Mas o que os igbo são não tem nada de negativo como essas descrições sugerem; eles são, sim, pessoas firmemente, positivamente favoráveis à organização política em pequena escala, de modo que (como eles diriam) os olhos de cada homem possam enxergar ali, onde as coisas estão acontecendo. Assim, cada uma dessas mil cidades era um mini-Estado, com jurisdição total sobre seus assuntos. O sentimento de apego cívico à sua cidade ou aldeia era mais real para os igbo da época pré-colonial do que qualquer sentimento pan-igbo unificado. Isso os tornava reconhecidamente difíceis de ser administrados por um governo central, como os britânicos descobriram, mas nunca apreciaram nem tampouco perdoaram. O desagrado deles ficou claro durante a tragédia de Biafra, quando acusaram os igbo de ameaçarem desmembrar um Estado-nação que haviam formado cuidadosa e laboriosamente.

O paradoxo de Biafra era que os próprios igbo tinham, de início, defendido a ideia de uma nação nigeriana com mais entusiasmo que outros nigerianos. Prova disso é que os britânicos jogaram mais igbo na prisão por sublevação do que qualquer outra etnia durante as duas décadas de agitações e revoltas pré-independência. Assim, os igbo estavam em primeiro lugar na frente nacionalista quando a Grã-Bretanha finalmente concedeu a independência à Nigéria em 1960 — um gesto que, quando se olha para trás, parece um golpe de mestre: fazer uma retirada tática para conseguir uma suprema vantagem estratégica.

Na época tínhamos orgulho do que acabávamos de conseguir. É verdade que Gana nos venceu por três anos, mas Gana era um país pequeno, fácil de administrar, em comparação com esse gigante desajeitado chamado Nigéria. Não precisávamos fazer tanto barulho como Gana; nossa presença já bastava. De fato, o elefante era nosso símbolo nacional; nossa companhia aérea era o elefante voador! As tropas nigerianas logo se distinguiram com brilho nos esforços de paz da ONU no Congo. Nosso elefante, desafiando as leis da aerodinâmica, voava pelos ares!

Viajar como nigeriano era emocionante. As pessoas nos ouviam. Nosso dinheiro valia mais que o dólar. Em 1961, quando um motorista de ônibus na colônia britânica da Rodésia do Norte me perguntou o que eu estava fazendo ali, sentado na parte da frente do ônibus, eu lhe disse, com estudada indiferença, que estava indo para as Cataratas de Vitória. Com espanto, ele se inclinou e me perguntou de onde eu vinha. Respondi, de maneira ainda mais indiferente: "Da Nigéria, já que o senhor quer saber; aliás, na Nigéria nós nos sentamos em qualquer lugar no ônibus".

Ao voltar ao meu país, assumi o importante cargo de diretor da programação externa, um serviço radiofônico inteiramente novo, destinado sobretudo a nossos vizinhos africanos. Naquela época pude fazer isso porque nossos políticos ainda não conheciam a utilidade do controle das informações e não tentaram de imediato sujeitar e controlar nossa produção. Só que estavam aprendendo depressa. Mas, antes que eu ficasse enredado naquilo, algo muito mais desagradável tinha se apoderado de todos nós.

Com seus seis anos de vida, a federação nigeriana estava se desfazendo devido à grave tensão das animosidades regionais e de uma autoridade central ineficaz. O visível fracasso do processo eleitoral em traduzir a vontade do eleitorado em resultados reconhecíveis nas urnas levava à frustração e à violência em massa. Embora a Nigéria Ocidental, uma das quatro regiões do país, ardesse literalmente em chamas, o tranquilo e digno primeiro-ministro servia de anfitrião em uma convenção da Comunidade Britânica para extricar Harold Wilson de uma situação espinhosa em que ele se metera na distante Rodésia. Mas era tão tensa a situação local que os chefes de Estado visitantes tiveram que ser transportados de helicóptero do aeroporto de Lagos até um bairro isolado, para evitar o tumulto da população nas ruas.

O primeiro golpe militar da Nigéria ocorreu quando esses dignitários decolavam de Lagos, ao final do congresso. Um deles, o arcebispo Makários, de Chipre, ainda estava no país.

O primeiro-ministro e dois ministros regionais foram assassinados pelos executores do golpe. Na virulenta atmosfera da época, prenhe de suspeitas, um golpe ingenuamente idealista demonstrou ser um terrível desastre. Foi interpretado, plausivelmente, como uma trama dos ambiciosos igbo do leste para assumir o controle da Nigéria, tomando-a dos hausa-fulani do norte. Seis meses depois, oficiais militares do norte se vingaram, dando um golpe em que mataram um grande número de militares igbo, oficiais e soldados. Se isso tivesse acabado aí, poderia ser visto como um interlúdio trágico na construção da nação, um horrendo "olho por olho". Mas os nortistas se voltaram também contra civis igbo que viviam na parte norte e lançaram ondas de massacres brutais, que Colin Legum, do *The Observer*, foi o primeiro a chamar de "pogroms". Estima-se que 30 mil civis, homens, mulheres e crianças, tenham sido assassinados nesses massacres. Os igbo fugiam, às centenas de milhares, de todas as partes da Nigéria para sua terra de origem, no leste.

Fui um dos últimos a escapar de Lagos. Eu simplesmente não

conseguia aceitar que não podia mais viver na capital do meu país, embora os fatos dissessem isso claramente. Um domingo de manhã, recebi um telefonema da sede da rádio me avisando que um bando de soldados armados, que pareciam bêbados, tinha vindo me procurar para testar quem era mais forte: minha caneta ou as armas deles!

O delito da minha caneta foi ter escrito um romance chamado *Um homem do povo*, uma sátira cortante sobre a corrupção política em um país africano semelhante à Nigéria. Eu queria que o livro fosse uma denúncia do tipo de independência que estávamos vivenciando na Nigéria pós-colonial e em muitos outros países na década de 1960; eu tencionava assustar meus compatriotas, incentivando-os ao bom comportamento com o exemplo daquela história assustadora. O melhor monstro que consegui inventar foi um golpe militar — algo que, na época, qualquer nigeriano de posse de suas faculdades mentais sabia que era uma fantasia mirabolante! Mas a vida e a arte tinham se emaranhado de tal forma naqueles dias que a publicação do romance e o primeiro golpe militar da Nigéria aconteceram com dois dias de diferença.

Críticos literários do exterior me chamaram de profeta; mas alguns dos meus conterrâneos viram as coisas de outra maneira: meu romance era a prova da minha cumplicidade com o primeiro golpe.

Tive muita sorte naquela manhã de domingo. Os soldados bêbados, depois de deixarem a sede da emissora, foram até uma residência que eu desocupara recentemente. Enquanto isso, consegui levar minha mulher e meus dois filhos pequenos para um esconderijo, de onde por fim os enviei para minha terra ancestral, na Nigéria Oriental. Dali a uma ou duas semanas, um desconhecido telefonou para meu esconderijo, perguntando por mim. Meu anfitrião negou minha presença. Era hora de deixar Lagos.

Meu sentimento em relação à Nigéria foi de profunda decepção. Não porque havia gangues caçando e matando civis inocentes com a mais brutal selvageria em muitas partes do norte da Nigéria, mas porque o governo federal nada fez, deixando isso acontecer. Como o Estado não cumpriu sua obrigação básica para com seus cidadãos, a consequência foi a secessão do leste da Nigéria, originando a República de Biafra. Naquele momento, o colapso da Nigéria só foi evitado pelo apoio ativo da Grã-Bretanha, diplomático e militar, à sua colônia-modelo. Foi a Grã-Bretanha e a União Soviética que, juntas, esmagaram o nascente Estado de Biafra. No fim dessa guerra de trinta meses, Biafra era um imenso monte de entulho fumegante. O custo em vidas humanas foi escandaloso: 2 milhões de almas, em uma das mais sangrentas guerras civis da história humana.

Achei difícil perdoar a Nigéria e meus conterrâneos e conterrâneas pela indiferença política e crueldade que lançaram sobre nós esses terríveis acontecimentos. Eles nos fizeram regredir uma geração inteira e nos roubaram a oportunidade, que sem dúvida esteve ao nosso alcance, de nos tornarmos uma nação desenvolvida de nível médio no século xx.

Minha reação imediata foi deixar a Nigéria no fim da guerra, depois de haver esperado o bastante, e honrosamente, pensava eu, para receber qualquer retaliação que me fosse devida por renunciar à Nigéria por trinta meses. Felizmente o governo federal proclamou uma anistia geral e a única punição que recebi foi o alto preço financeiro e emocional que os vencidos de guerra têm que pagar, e algumas perseguições pessoais relativamente pequenas. Fui para o exterior, estudar na Nova Inglaterra (sem ironia), na Universidade de Massachusetts em Amherst, e ali fiquei por quatro anos. Depois passei mais um ano na Universidade de Connecticut. Foi, de longe, meu mais longo exílio da Nigéria, e ele me deu tempo para refletir e me curar um pouco. Sem me propor conscientemente a fazê-lo, eu estava redefinindo minha relação com a

Nigéria. Percebi que não poderia rejeitá-la, mas também não poderia continuar me relacionando com ela como se nada tivesse acontecido. O que era a Nigéria para mim?

Nosso hino nacional de 1960, que nos foi dado como presente de despedida por uma dona de casa na Inglaterra, chamava a Nigéria de "nossa mãe-pátria soberana". O hino atual, elaborado por uma comissão de intelectuais nigerianos, e ainda pior que o primeiro, invoca a imagem do pai. Mas a mim ocorreu que a Nigéria não é minha mãe nem meu pai. A Nigéria é uma criança. Talentosa, de um talento enorme, com dons prodigiosos e incrivelmente obstinada e rebelde.

Ser nigeriano é frustrante ao extremo e tremendamente empolgante. Certa vez eu disse que na próxima encarnação quero ser nigeriano de novo; mas também já escrevi contra as propagandas de turismo do país, em um livro cheio de indignação chamado *The Trouble with Nigeria* [O problema da Nigéria], afirmando que só um turista com um bizarro vício de autoflagelação escolheria a Nigéria para uma viagem de férias. E sou sincero quando digo ambas as coisas.

A Nigéria precisa de ajuda. Os nigerianos já têm uma tarefa pela frente — persuadir essa criança rebelde a seguir o caminho do desenvolvimento criativo e útil. Somos os *pais* da Nigéria, e não o contrário. Se fizermos bem nosso trabalho, virá uma geração com muita paciência e, se tivermos sorte, virá uma geração que chamará a Nigéria de pai ou de mãe. Mas ainda não.

Enquanto isso, nosso trabalho não é inteiramente desprovido de bênçãos e recompensas. Essa criança desobediente é capaz de demonstrar, vez por outra, um grande afeto. Já vi esse afeto fluir para mim em certos momentos críticos.

Quando eu estava nos Estados Unidos após a guerra de Biafra, um oficial do Exército que participava do conselho da minha universidade na Nigéria como representante do governo militar pressionou a universidade para me chamar de volta. Esse oficial havia lutado contra meus companheiros biafrenses durante a guerra civil e fora gravemente ferido. Tinha todo o direito de sentir amargura com gente como eu. Eu não o conhecia pessoalmente, mas ele conhecia meu trabalho, e era poeta.

Mais recentemente, após um acidente de carro em 2001 que me deixou com ferimentos graves, presenciei uma onda de carinho vinda de nigerianos de todos os níveis. Até agora continuo perplexo com isso. As palavras duras que a Nigéria e eu dissemos um ao outro começam a parecer palavras de amor ansioso, não de ódio. A Nigéria é um país onde ninguém pode acordar de manhã e perguntar: o que posso fazer hoje? Há trabalho para todos.

*2008*

# Viajando "em branco"

Em outubro de 1960, desfrutei da primeira regalia importante da minha carreira de escritor: recebi uma Bolsa Rockefeller para viajar por seis meses pela África, indo a qualquer lugar que eu escolhesse. Decidi ir para a África do leste, central e do sul.

Parti com grandes esperanças e sabendo muito pouco sobre a verdadeira África. Visitei o Quênia, Uganda, Tanganica e Zanzibar, depois a Rodésia do Norte e do Sul. Eu tinha planos vagos de ir para o sudoeste também, e talvez até a África do Sul. Mas a Rodésia do Sul provou ser mais que suficiente para mim nessa viagem, e dei meia-volta depois de passar pouco mais de uma semana por lá.

O principal problema era o racismo. O único país africano que eu já havia visitado era Gana, a líder emblemática do movimento de independência africano. Gana já se tornara independente havia alguns anos e era, com justiça, o orgulho da nova África. A Nigéria tinha conquistado sua liberdade da Grã-Bretanha pouco antes da minha viagem, em 1º de outubro de 1960, e parti imbuído da confiança de um ex-colonizado com um mês de vida — impelido, por assim dizer, pelos ventos da mudança.

O primeiro choque veio quando estávamos prestes a aterrissar em Nairóbi e recebemos formulários de imigração para preencher. Depois do nome, o passageiro tinha que se definir mais plenamente, assinalando um destes quatro quadradinhos: Europeu, Asiático, Árabe, Outros! No aeroporto de Nairóbi havia mais formulários assim, e levei um de lembrança. Eu estava achando a experiência quase engraçada.

Houve outros incidentes menores. A recepcionista do hotel de segunda classe onde me hospedei em Dar es Salaam, na Tanzânia, uma senhora inglesa simpática e maternal, me disse que não se importava de receber africanos em seu hotel, e lembrou-se de uma moça da África Ocidental que tinha se hospedado lá cerca de um ano antes, que "se comportou perfeitamente" durante toda a estada e falava muito bem o inglês.

Também li nos jornais que o Clube Europeu de Dar es Salaam estava, naquela ocasião, debatendo se deveria alterar suas regras para que Julius Nyerere, na época primeiro-ministro do país, pudesse ir até lá tomar um drinque, aceitando o convite de um membro do clube.

Mas com o passar das semanas meus encontros foram se tornando menos divertidos. Vou contar apenas mais dois, que ocorreram na Rodésia (atualmente Zâmbia e Zimbábue).

Fui recebido no aeroporto de Salisbury por dois jovens acadêmicos brancos e um estudante negro de pós-graduação da nova Universidade da Rodésia. A Fundação Rockefeller, que pelo jeito conhecia o terreno melhor que eu, tinha tomado a precaução de recrutar esses professores de literatura para me receber e, de modo geral, ficar de olho na minha programação. O primeiro item da agenda era registrar-me no hotel. Tratava-se do novo Hotel Jameson, cinco estrelas, que acabava de ser inaugurado a fim de evitar incidentes internacionais tais como a recusa de hospedar um distinto conterrâneo meu, Sir Francis Ibiam, governador da Nigéria

Oriental, presidente do Conselho Mundial de Igrejas e cavaleiro da Ordem do Império Britânico!

Eu não tinha o título de "Sir", nem era governador, nem presidente de nenhum conselho, e sim um escritor pobre e desconhecido, viajando graças à generosidade de uma fundação americana esclarecida. Essa generosidade, porém, não chegava a ponto de absorver as contas que o Hotel Jameson iria apresentar.

Mas essa é outra história, que se desenrolou depois. Naquele momento, meus três acompanhantes me levaram ao meu hotel, onde me registrei e em seguida, contente e feliz, lhes ofereci uns drinques. Foi o maior pedido de bebidas que eu já tinha feito, e que já fiz até hoje. O garçom ia e vinha com a bandeja vazia, fazendo mais e mais perguntas, e a moral da história é que os dois *bwanas* poderiam tomar suas cervejas, e eu também, pois estava hospedado no hotel, mas o outro rapaz negro só podia tomar um café. Sendo assim, cancelei a coisa toda. A Rodésia do Sul era simplesmente horrível.

Naquele tempo não se viajava de avião a jato, e ao voltar para casa tive que fazer uma escala com pernoite em Livingstone, na Rodésia do Norte. O gerente do hotel bastante agradável onde me hospedei notou minha presença no jantar, veio se apresentar e se sentou à minha mesa para conversar. Foi uma surpresa; achei que ele tinha vindo me expulsar. Ele já fora gerente do Hotel Ambassador, em Acra, Gana. Por meio dele eu soube que as Cataratas de Vitória ficavam a apenas trinta e poucos quilômetros dali e que havia um ônibus para lá saindo do hotel.

Assim, na manhã seguinte embarquei no ônibus. De onde me sentei, ao lado do assento do motorista, eu não via o que acontecia atrás de mim no veículo. Quando por fim me virei, provavelmente por estar tudo estranhamente silencioso, vi com horror que todos ao meu redor eram brancos. Quando me virei, eles desviaram seus olhares duros, cuja hostilidade eu vinha sentindo tão palpavelmente fixada em minha nuca. O que teria acontecido com os negros que estavam no ponto de ônibus? Por que ninguém me disse nada? Olhei para trás de novo e só então percebi o detalhe: havia uma divisória com uma porta.

Sempre me perguntei o que eu teria feito se tivesse notado as duas entradas separadas antes de subir no ônibus; sinceramente, não sei.

De qualquer forma, lá estava eu sentado ao lado do banco do motorista, em um ônibus segregado da Rodésia do Norte, uma colônia de Sua Majestade britânica que mais tarde viria a ser conhecida como Zâmbia. O motorista (negro) subiu, olhou para mim muito surpreso, mas não disse nada.

O cobrador apareceu assim que a viagem começou. Eu não precisava mais olhar para trás: minhas orelhas agora eram duas antenas dos dois lados da cabeça. Ouvi uma tranca se abrir, e o homem apareceu à minha frente. Nossa conversa foi mais ou menos assim:

Cobrador: O que você está fazendo aqui?

Chinua Achebe: Estou viajando para as Cataratas de Vitória.

C.: Por que você está sentado aqui?

C. A.: E por que não?

C.: De onde você é?

C. A.: Não vejo o que isso tem a ver com o caso. Mas já que o senhor está perguntando, sou da Nigéria, e lá sentamos onde bem entendemos no ônibus.

Ele fugiu de mim como se eu estivesse com a peste. Meus colegas de viagem europeus permaneceram em um silêncio sepulcral. A viagem prosseguiu sem mais incidentes até chegarmos às quedas. Aconteceu então uma coisa estranha. Os viajantes negros na traseira do ônibus desceram correndo em um enorme tumulto, para me esperar na porta, me aplaudir e me elogiar.

Não senti nenhum orgulho. Uma tristeza monumental caiu sobre mim. Eu podia ser um herói porque estava de passagem, e aquela gente desafortunada, muito mais corajosa do que eu, ainda tinha formado uma guarda de honra para mim!

A impressionante cachoeira não reanimou meu espírito. Andei um pouco por lá envolto numa capa de chuva, vi a lendária paisagem, voltei ao terminal e de propósito entrei em outro ônibus pela porta da frente. E tal é a velocidade das notícias auspiciosas nos lugares oprimidos, que ninguém me desafiou. E eu paguei minha passagem!

E, assim, não cheguei a viajar ao sudoeste africano (Namíbia) em 1961. Tampouco Wolfgang Zeidler 25 anos depois, por razões muito diferentes. É uma historinha curiosa, que me contaram em 1988, quando fui dar uma palestra na Universidade da Califórnia, em Berkeley.

A bibliotecária me mostrou uma carta que tinha recebido de um amigo da Alemanha, a quem ela havia recomendado meu livro *O mundo se despedaça*. Esse amigo, segundo a carta, emprestara o livro a um vizinho, que era um eminente juiz. A razão para o empréstimo foi que o juiz planejava, com muito entusiasmo, emigrar para a Namíbia depois de se aposentar, aceitando uma oferta de trabalhar como consultor constitucional do regime namíbio. Ele planejava comprar uma grande fazenda lá e passar sua aposentadoria ao ar livre, desfrutando do agradável clima das savanas da África.

O vizinho, sem dúvida percebendo que o entusiasmo e o otimismo do juiz eram um tanto excessivos, se não nada saudáveis, lhe pediu que lesse *O mundo se despedaça* no voo de ida ou de volta para a Namíbia, e assim ele fez. O resultado foi impactante. Nas palavras da carta que me foi mostrada, o juiz disse que "nunca tinha visto a África daquela forma e que depois de ler o livro, ele não era mais inocente". E, assim sendo, ele encerrou o capítulo Namíbia.

Outro trecho da carta descrevia esse juiz como um destacado jurista constitucional alemão, um homem "da mais aguda inteligência". Por cerca de doze anos fora presidente do Bundesverfassungsgericht, a mais alta corte constitucional da Alemanha. Em suma, o tipo de pessoa que os sul-africanos teriam se esforçado para ter do seu lado, um homem cuja presença na Namíbia daria uma considerável sustentação ao regime do país. Sua decisão de não ir foi, sem dúvida, um triunfo do bom senso e da humanidade sobre a estupidez e o preconceito racial.

Mas como é possível que esse eminente jurista alemão tivesse um tal ponto cego sobre a África durante toda a sua vida? Será que não lia os jornais? Por que precisou de um romance africano para lhe abrir os olhos? Minha teoria é que ele precisou ouvir a África falar com sua própria voz, depois de toda uma vida ouvindo os outros falarem dela.

Ofereço a história do juiz Wolfgang Zeidler como contraponto à afirmação tão em moda, feita até mesmo por escritores, de que a literatura nada pode fazer para mudar nossa condição social e política. É claro que pode!

*1989*

# Dizendo nosso verdadeiro nome

No ano de 1962, enquanto os ventos fortes da descolonização varriam a África subsaariana, uma reunião verdadeiramente extraordinária acontecia na Universidade de Makerere, Uganda, na África Oriental.

Nenhum congresso desse tipo jamais se realizara antes, nem voltará a se realizar. Jovens escritores africanos de nações recém-independentes e de países que ainda não tinham alcançado a liberdade se reuniram para discutir os objetivos da literatura na bela cidade de Kampala. Éramos todos muito jovens, muito inexperientes para nossa tarefa, cheios demais de ardor e otimismo.

Um visitante americano participou das nossas discussões — um tipo venerável, de ar bondoso e paternal. Os mais bem informados nos disseram que era um escritor famoso, mas famoso até que ponto, isso não tínhamos como saber; nossa educação não tinha corrido por aí. Seu nome era Langston Hughes. Sem dizer muito, parecia presidir com muita naturalidade nosso debate e, com sábia benevolência, abençoar nosso entusiasmo juvenil. Na verdade, vieram dois visitantes; o outro era Saunders Redding, um tipo alto, de ar acadêmico.

Poucos anos depois dessa histórica reunião na Universidade de Makerere, fui premiado com uma bolsa de viagem da Unesco que me permitia ir a qualquer país; escolhi Estados Unidos e Brasil. Creio que a forte impressão que Langston Hughes causou em mim, sua aparição inesperada e tão oportuna naquele momento crítico da história intelectual e literária da África moderna, sua mensagem muda de apoio e solidariedade após trezentos anos de uma brutal expatriação — creio que tudo isso influenciou minha escolha dos países a visitar. Eu queria ver algo da situação da diáspora africana em suas duas maiores concentrações no Novo Mundo.

Langston Hughes manifestou mais um gesto de amizade e benevolência comigo quando ouviu dizer que eu estava em Nova York e me convidou — eu, um aprendiz de escritor totalmente desconhecido — para jantar e depois assistir, em um lugar de honra a seu lado, a *Street Scene*, uma ópera com um libreto de sua autoria.

Há um fio condutor nessas amenas divagações introdutórias. O fio é a conexão afro-americana. Digo "afro-americana" em dois sentidos: primeiro, como definição de uma relação intercontinental peculiar entre africanos e americanos; segundo, e o mais importante, como a atual denominação dada a pessoas nascidas do maior crime do homem contra o homem — o tráfico de escravos. Não há balança capaz de pesar o sofrimento humano, mas em termos do puro horror de sua envergadura e alcance, da sua duração e da continuidade de suas consequências, o comércio transatlântico de escravos foi "tão infinito quanto um homem é capaz de suportar". As vítimas dessa catástrofe vêm lutando há séculos contra seu cruel destino em ambos os lados do Atlântico: de um lado, raspando o chão das fazendas arruinadas de um continente devastado; de outro, trabalhando duro no rescaldo sufocante do cativeiro.

O pesadelo durou tanto tempo e as distâncias percorridas foram tão grandes que a comunicação entre a terra natal e a diáspora se rompeu; até mesmo a lembrança de tudo isso foi sumindo, e os dois lados se perderam um do outro. Cada um esqueceu quem era, esqueceu até o próprio nome. Um lado ganhou o nome de escravo; o outro, de selvagem. A opressão dá novos nomes a suas vítimas, ela as marca como um fazendeiro marca seu gado, com uma assinatura comum a todos. Seu objetivo é subverter o espírito individual e a essência humana da vítima; e a vítima vai lutar, com maior ou menor vigor, para eliminar a opressão e conquistar a liberdade.

Infelizmente, a opressão não produz de modo automático apenas lutas significativas. Ela tem a capacidade de gerar uma ampla gama de reações, desde a aceitação parcial até a rebelião violenta. Entre esses extremos podemos ter, por exemplo, uma insatisfação vaga, sem foco; ou, o pior de tudo, bárbaras lutas internas entre os oprimidos, um feroz entrelaçamento de amor e ódio, como caranguejos no balde de um pescador, o qual se assegura de que nenhum caranguejo possa escapar. É um problema grave para a deliberação afro-americana.

Responder à opressão com a resistência apropriada exige dois tipos de conhecimento: em primeiro lugar, o autoconhecimento da vítima, ou seja, a consciência de que a opressão existe, a consciência de que a vítima caiu de uma grande altura, seja de glória ou de perspectivas, para as profundezas em que está hoje; em segundo lugar, a vítima deve saber quem é o inimigo. Ela deve saber o nome real do seu opressor, não um apelido, um pseudônimo ou um *nom de plume*!

A esta altura, gostaria de mencionar duas histórias contadas pelos antepassados de dois povos diferentes, em duas partes do mundo muito distantes — talvez mais separados na imaginação contemporânea do que na realidade.

Vocês se lembram daquele episódio da *Odisseia* em que Ulisses engana o ciclope Polifemo, fazendo-o chamá-lo de Ninguém. Foi um erro que custou caro a Polifemo, que não conseguiu a ajuda que poderia ter recebido de seus vizinhos, quando pediu socorro lançando um "grande e terrível grito". É claro que ninguém espera que derramemos lágrimas por Polifemo; afinal ele é um horrível canibal, uma criatura repugnante. Mas a história transmite a mensagem que, em qualquer disputa — deixando de lado quem está certo ou errado —, aquele que não conhece o nome verdadeiro de seu adversário se coloca em risco.

Vamos passar de Homero e dos gregos para os igbo da Nigéria. Há uma historinha notável que tomei a liberdade de adaptar para meu uso em *O mundo se despedaça*, e vou continuar adaptando ainda mais aqui. É a história do Cágado e dos Pássaros. Vou resumi-la para os que não conhecem meu romance. Os pássaros foram convidados para uma grande festa no céu, e o Cágado lhes pede, por favor, que o levem junto. No início, eles não querem, pois sabem que o Cágado é guloso e nada confiável. Mas o Cágado consegue convencê-los de que agora ele é uma pessoa totalmente transformada, um Cágado renascido. Os pássaros concordam e cada um lhe dá uma pena, para lhe fazer um par de asas. E não só isso: eles caem na história do Cágado, que diz que é costume, em um passeio tão importante, que cada um adote um novo nome. As aves, naturalmente, nunca ouviram falar desse costume, mas o consideram encantador e o adotam. Todas adotam nomes fantasiosos, presunçosos, com autoelogios como Mestre do Céu, Rainha da Terra, Relâmpago, Filha do Arco-Íris, e assim por diante. O Cágado então anuncia sua escolha. Ela é muito estranha; ele deseja ser chamado de "Todos Vocês". As aves dão risada e se congratulam por levar um camarada tão engraçado em sua viagem.

Quando chegam ao céu e veem o grande banquete que as

pessoas do céu prepararam para eles, o Cágado logo dá um salto e pergunta: "Para quem é essa festa?".

"Ora, para Todos Vocês, claro", respondem os anfitriões. "Ei, vocês ouviram?", diz o Cágado para as aves. "A festa é para mim. Meu nome é Todos Vocês!"

As aves se vingam pegando de volta suas penas e deixando o Cágado sem ter como voltar lá do Céu. Mas isso não ameniza em nada a fome delas enquanto voam de volta para a Terra ouvindo o ronco de seus estômagos vazios.

Portanto, a mensagem é clara: não podemos deixar que um adversário, real ou potencial, assuma um nome falso, nem de brincadeira. Faz pouca diferença para a vítima se o malandro se chama "Ninguém", como na história grega, ou "Todo Mundo", como na história igbo.

Poucos escritores compreenderam tão bem as formas de opressão, ou escreveram sobre ela de maneira tão memorável, como James Baldwin. "Se você souber de onde veio, não há realmente nenhum limite para onde você pode chegar", diz ele a seu sobrinho.[1] Um velho igbo da Nigéria, usando palavras diferentes, poderia ter dito exatamente a mesma coisa ao jovem: "Se você não sabe onde a chuva começou a te molhar, não vai saber onde o sol já te secou".

As pessoas que pensam de maneira literal, pessoas cuja mente só segue em um único trilho, se exasperam com a linguagem dos profetas, como quando Baldwin diz a seu sobrinho:

> Você vem de uma longa linhagem de grandes poetas, alguns dos maiores poetas desde Homero. Um deles disse: "Justamente quando pensei que estava perdido, minha masmorra tremeu e minhas correntes caíram".

Um crítico acerbo de Baldwin, Stanley Crouch, escrevendo no *The Village Voice*, acusou Baldwin de simplificações [...] que [...] convenceram os autômatos nacionalistas negros que eles descendiam de reis e rainhas trazidos em navios negreiros, e deveriam, portanto, identificar-se com a África sem nenhum senso crítico.

Baldwin jamais poderia defender uma identificação sem senso crítico com o que quer que fosse. Sua cabeça era boa demais para isso. Ele sempre insistia que as pessoas devem pesar as coisas por si mesmas e chegar a suas próprias conclusões:

"Não aceite a palavra de ninguém com relação a nada — nem a minha", diz ele ao sobrinho. "Confie na sua própria experiência."

Baldwin sentia de maneira profunda, instintiva e muito poderosa a necessidade de o afro-americano saber de onde tinha vindo para poder saber para onde estava indo.

A resposta simplista seria: ele veio da África, é claro. Mas nada de respostas simples para Baldwin. Ele tinha demasiada inteligência e integridade para isso. "O que é a África para mim?", perguntou um poeta africano que nunca deixou a terra natal. Imaginem, então, o tumulto de perguntas na alma de um homem como Baldwin, depois de trezentos ou quatrocentos anos traumáticos de ausência. Assim, em sua angustiada homenagem a Richard Wright, ele fala do problema do negro e do terrível dilema da África.

Enigma tremendo, problema aterrorizante que não admite nenhuma solução satisfatória. Quanto a mim, não sou afro-americano. Seria impertinência minha tentar deslindar esse enigma. Mas permitam-me sugerir duas vertentes nesse medonho emaranhado de fios. Primeira: os próprios africanos nos venderam aos europeus em troca de bugigangas baratas. Segunda: os africanos ainda não fizeram nada de que possamos nos orgulhar.

Não tenho certeza se Baldwin se referia ou não especificamente à alegação da cumplicidade africana no tráfico de escravos. Mas, quando jovem, ele se perturbava muito com a falta de realizações da África. Num famoso trecho de "Stranger in a Village" [Um estranho numa aldeia], ele contrasta seu patrimônio africano, de modo extremamente negativo, com o de um europeu muito humilde: um camponês suíço.

> O mais analfabeto deles está relacionado, de uma maneira que eu não estou, com Dante, Shakespeare, Michelangelo, Ésquilo, Da Vinci, Rembrandt e Racine; a Catedral de Chartres diz alguma coisa a eles que não pode dizer a mim — como, aliás, o Empire State Building em Nova York, caso alguém aqui porventura vier vê-lo. Dos seus hinos e das suas danças vieram Beethoven e Bach. Basta voltar alguns séculos, e lá estarão eles em plena glória — mas eu estou na África, vendo os conquistadores chegarem.

Esse lamento vem de uma alma atormentada e não pode ser ignorado. Mas, antes de examiná-lo, gostaria de dizer duas coisas. Primeiro: não vejo necessidade de qualquer povo provar, a outro povo, que construiu catedrais ou pirâmides para ter direito à paz e à segurança. Assim sendo, não é necessário que o povo negro invente um grandioso e fictício passado para justificar sua existência e sua dignidade humana de hoje. O que os negros precisam fazer é recuperar o que lhes pertence — sua história — e narrá-la eles mesmos.

Contar a história do povo negro na nossa época, e por um considerável período antes disso, tem sido uma responsabilidade que os brancos tomaram para si, e eles o fizeram sobretudo para atender aos propósitos da gente branca, naturalmente. Isso tem que mudar, e de fato está começando a mudar, mas não sem resistência e até hostilidade. Há muitos interesses psicológicos, políticos e econômicos investidos nessa imagem negativa. A razão é simples. Se você vai escravizar ou colonizar um povo, você não vai escrever um relato elogioso sobre ele, nem antes nem depois. Em vez disso, você vai descobrir ou inventar histórias terríveis sobre ele, de modo que seu ato de banditismo se torne algo fácil de você assumir.

Por volta de 1600 d.C., um viajante holandês que chegou a Benin, na moderna Nigéria, não teve dificuldade em comparar a cidade com Amsterdã, de forma favorável. A rua principal de Benin, escreveu ele, era sete ou oito vezes mais larga do que sua equivalente, a Warmoes, em Amsterdã. As casas estavam em tão bom estado como as casas de Amsterdã.

Duzentos e cinquenta anos depois, antes de os ingleses saquearem essa mesma Benin, eles primeiro a descreveram como "Cidade do Sangue" — um lugar cuja barbárie lhes revoltava a consciência civilizada de tal forma que eles simplesmente se viam obrigados a enviar um enorme exército para esmagá-la, expulsar seu rei e logo saquear a real galeria de arte, em benefício do Museu Britânico e de várias coleções particulares. Tudo isso foi feito, assim diziam eles com a cara mais séria do mundo, para acabar com práticas repugnantes como o sacrifício humano. Nenhuma menção, em absoluto, de algum motivo comercial, por exemplo os interesses comerciais britânicos de avançar para o interior, rico em palmeiras e borracha!

A penetração britânica na África Ocidental na segunda metade do século XIX não foi conseguida apenas nos campos de batalha, como em Benin, mas também em casa, nas igrejas, escolas, jornais, romances etc., por meio da difamação da África e de seu povo. A franqueza daqueles dias aparece perfeitamente em um editorial do *Times*, de Londres, manifestando indignação com a decisão da Universidade de Durham de afiliar-se ao Fourah Bay College, da África Ocidental. O *Times* perguntava a Durham, explicitamente, se também se poderia pensar na possibilidade de afiliar-se a um zoológico!

Além da vasta quantidade de textos ofensivos e de péssimo

nível sobre a África, escritos na Inglaterra vitoriana, também se desenvolveu mais tarde um "gênero colonial" mais sério, como o define o biógrafo e historiador Jeffrey Meyers. Começou com Kipling na década de 1880, prosseguiu com Conrad, até seu apogeu com E. M. Forster, e terminou com Joyce Cary e Graham Greene, já quando o colonialismo começava a findar.

O escritor John Buchan ficava no meio-termo entre o vulgar e o sério nesse conjunto de obras. Ele também foi interessante, por combinar uma carreira no serviço colonial britânico, onde ocupou cargos elevados, com sua atividade de escritor. O que ele diz sobre os nativos em seus romances ganha, portanto, um significado político adicional. Eis o que diz um personagem "aprovado" em seu romance *Preste João*:

> É essa a diferença entre o branco e o negro: o dom da responsabilidade. [...] Enquanto nós o conhecermos e o praticarmos, dominaremos não só a África, mas onde quer que haja homens de pele escura que vivem apenas para encher a barriga.[2]

Vemos assim que o racismo branco na África é questão de política, bem como de economia. A história do negro, tal como narrada pelo branco, é contada, de modo geral, para servir a fins políticos e econômicos.

> Não aceite a palavra de ninguém a respeito de nada, nem a minha. [...] Saiba de onde você veio. Se você souber de onde veio, não há realmente nenhum limite para onde você pode chegar. Os detalhes da sua vida vêm sendo fabricados, deliberadamente, para fazer você acreditar naquilo que os brancos dizem a seu respeito. [...] A intenção era fazer você perecer no gueto, perecer por [...] nunca ter a permissão de dizer seu verdadeiro nome.[3]

Vamos agora examinar brevemente o "enigma tremendo" de Baldwin: os próprios africanos vendendo seus irmãos, irmãs e filhos em troca de bugigangas. Mas será que foi realmente isso que aconteceu? E o que dizer da tristíssima história do rei do vasto reino de Bukongo, que reinou como rei cristão, com o nome de dom Afonso I, de 1506 a 1543; que construiu escolas e igrejas e deu à sua capital o novo nome de São Salvador; cujo filho foi bispo de Utica na Tunísia e, a partir de 1521, bispo de Bukongo; que enviou embaixadores a Lisboa e a Roma? Esse homem pensava que tinha aliados e amigos entre os jesuítas portugueses que incentivou a vir para seu reino e ali viver e converter seus súditos. Infelizmente para ele, o Brasil estava se abrindo naquela mesma época e necessitando de mão de obra para trabalhar em suas vastas plantações. Assim, os missionários portugueses abandonaram suas pregações religiosas e se tornaram caçadores de escravos. Em 1526, dom Afonso, perplexo, escreveu uma carta ao rei dom João III de Portugal, queixando-se do comportamento dos portugueses no Congo. A carta ficou sem resposta. No final, os portugueses armaram vários chefes rebeldes para entrar em guerra contra Bukongo e destruí-la; em seguida impuseram ao reino o pagamento de um tributo a Portugal sob a forma de escravos.

A carta que dom Afonso de Bukongo escreveu ao rei dom João III de Portugal em 1526 está nos arquivos portugueses e diz, em parte, o seguinte:

> Vossos comerciantes diariamente capturam nossos súditos, filhos da terra, filhos de nossos nobres, nossos vassalos e nossos parentes. [...] Eles os agarram e os levam para serem vendidos; e tão grande, Senhor, é a corrupção e a libertinagem desses homens que nosso país está sendo completamente despovoado. [...] De vossos Reinos tudo que precisamos são padres e pessoas para ensinar nas escolas, e nenhuma outra mercadoria além do vinho e da farinha para o

santo sacramento; e é por isso que rogamos a Vossa Alteza que nos ajude e auxilie nessa questão, ordenando aos seus agentes que para cá não enviem nem comerciantes nem mercadorias, pois é nossa vontade que nestes reinos [do Congo] não haja qualquer comércio de escravos, nem mercado para escravos.[4]

Dom Afonso de Bukongo foi um homem notável. Durante seu longo reinado, aprendeu a falar e ler em português. Dizem que estudou os códigos de leis portuguesas nos volumosos fólios originais e criticou as penalidades excessivas que eram impostas por qualquer infração, mesmo trivial. Certa vez perguntou, brincando, ao emissário português: "Castro, qual é a penalidade em Portugal para quem coloca os pés no chão?".[5]

Ali estava um homem obviamente mais civilizado do que a "missão civilizadora" que lhe fora enviada pela Europa. Escritores africanos radicais costumam zombar dele por ter se disposto tão prontamente a deixar de lado a religião e os costumes de seus antepassados em favor do cristianismo. Mas ninguém zomba de Constantino I, o imperador romano que fez exatamente a mesma coisa. A verdadeira diferença é que Constantino foi poderoso e bem-sucedido, enquanto Afonso fracassou porque o cristianismo que chegou a ele era brutal e perverso, e empunhava armas de fogo. Trezentos e cinquenta anos depois de dom Afonso, Joseph Conrad foi capaz de descrever o exato local em que esse reino existiu como "o Coração das Trevas".

Histórias como a do encontro de dom Afonso com a Europa não se encontram nos livros de história que lemos na escola. Se soubéssemos delas, a imagem predominante da África como um lugar sem história até a chegada dos europeus seria mais difícil de sustentar. O jovem James Baldwin não teria sentido a necessidade de se comparar de forma tão negativa com um camponês de uma aldeia suíça. Ele saberia que seus antepassados africanos não ficaram apenas sentados ociosamente, durante milênios, fitando o horizonte, esperando que os traficantes europeus viessem capturá-los.

Mas por fim Baldwin acabou se revelando bastante inteligente para continuar a ser enganado. Ele percebeu que deveria haver um projeto consciente por trás da tragédia do povo negro. Foi quando disse ao sobrinho: "A intenção era fazer você perecer no gueto". Notem a palavra "intenção". Quando vim pela primeira vez aos Estados Unidos, nos anos 1960, não encontrei James Baldwin porque ele tinha partido para a França. Nós dois finalmente nos conhecemos vinte anos depois, em 1983, em Gainesville, na Flórida, em um evento memorável: a reunião anual da Associação de Estudos Africanos. Durante os quatro dias inesquecíveis que passamos nesse congresso, e depois visitando antigos locais da escravidão, ele falou sobre mim com estas palavras: "O meu amigo que conheci ontem; o meu irmão que conheci ontem — que eu não via há quatrocentos anos; nunca houve a intenção de que nós dois nos encontrássemos".[6]

A mesma palavra outra vez: "intenção". A tarefa número um para os africanos e seus parentes, os afro-americanos, é derrotar essa "intenção" de que fala Baldwin. Eles devem trabalhar juntos para descobrir sua verdadeira história, que foi enterrada tão profundamente na maldade e no preconceito, que agora será necessário todo um exército de arqueólogos para desenterrá-la. Nós precisamos ser esse exército, de ambos os lados do Atlântico. O ressentimento contra a África que por vezes se encontra entre afro-americanos deve agora ser examinado com olhos críticos. A primeira geração de nossos ancestrais que viu com os próprios olhos tudo que aconteceu é a que deveria ter um profundo ressentimento contra a África, se houvesse uma boa razão para isso. Mas, na verdade, muitos deles se apegaram à África. Olaudah Equiano, um dos mais afortunados deles, adquiriu uma educação, libertou-

-se e em 1789 escreveu um livro: *A interessante narrativa da vida de Olaudah Equiano, ou Gustavus Vassa, o Africano. Escrita por ele mesmo.* Antes do seu nome de escravo europeu, ele colocou seu nome original igbo, e afirmou sua identidade africana acenando com ela como uma bandeira ao vento. Quando e como o ressentimento começou a crescer e a se deteriorar? É o que precisamos descobrir.

Ao longo dos anos, Equiano foi seguido por uma série de homens e mulheres notáveis que, de diferentes maneiras, perceberam que essa intenção de nos separar deve ser frustrada para que tenhamos sucesso: W. E. B. DuBois, Marcus Garvey, Leo Hansberry, o chanceler Williams, Richard Wright, Langston Hughes e uma legião de outros. Devemos aprender com o exemplo de todos eles.

*1988*

# Minhas filhas

Durante toda a vida, precisei levar em conta os milhões de diferenças — algumas pequenas, outras bem grandes — entre a cultura nigeriana em que nasci e o estilo ocidental dominante que nela se infiltrou e depois a invadiu. Em parte alguma a diferença é tão gritante e assustadora como na capacidade de se perguntar a um pai: "Quantos filhos você *tem?*". A resposta certa deveria ser uma repreensão: "Ora, os filhos não são como cabeças de gado!". Ou, melhor ainda, silenciar e continuar como se a pergunta não tivesse sido feita.

Mas as coisas estão mudando, e mudando rapidamente entre nós, e temos feito uma concessão após outra, mesmo quando a outra parte dá poucos sinais de reciprocidade. E assim aprendi a responder a perguntas de que meu pai nem de longe tomaria conhecimento. E para minha vergonha, permitam-me acrescentar: suspeito que até certo ponto eu talvez até esteja gostando de tudo isso!

Minha mulher e eu temos quatro filhos — duas filhas e dois filhos, um belo equilíbrio, reforçado pela simetria das chegadas:

menina, menino, menino, menina. Assim, as meninas assumiram posições estratégicas na família.

Nós, minha mulher e eu, nos iniciamos na paternidade com a primeira menina, Chinelo. Naturalmente, cometemos muitos erros. Mas Chinelo estava à altura de tudo isso. Ela nos ensinou. Lá pelos quatro anos, começou a lançar de volta para nós o reflexo de suas experiências em seu mundo. Um dia ela colocou em palavras: "Eu não sou negra, sou marrom". Ouvimos muito bem aquilo e começamos a prestar atenção.

O primeiro lugar para onde dirigimos nossa mente foi sua escola maternal, administrada por um bando de mulheres brancas expatriadas. Contudo, nossas perguntas para a diretoria da escola retornaram com respostas tranquilizadoras. Continuei farejando aqui e ali, e acabei chegando aos livros infantis importados da Europa, tão coloridos e tão caros, expostos de modo tão sedutor nos melhores supermercados de Lagos.

Muitos pais como eu, que nunca leram livros infantis na infância, viam ali uma chance de oferecer aos filhos as bênçãos da civilização moderna que eles mesmos nunca tiveram, e a agarravam sem demora. Mas o que eu vi em muitos daqueles livros não era civilização, e sim condescendência, e também muita coisa ofensiva.

Aqui vai, recontada com minhas próprias palavras, uma história maldosa que se esconde por trás da linda capa de um livro infantil:

Um menino branco está empinando sua pipa em um belo espaço aberto em um dia claro de verão. No fundo há casas e jardins encantadores e avenidas arborizadas. O vento sopra bem e a pipa do garotinho voa cada vez mais alto. Tão alto que acaba presa debaixo da cauda de um avião que por acaso está passando por ali naquele momento. Arrastando a pipa, o avião passa por cidades, oceanos e desertos. Por fim sobrevoa selvas e florestas. Vemos animais selvagens na floresta e cabaninhas redondas na clareira. Uma aldeia africana.

Por algum motivo a pipa se desembaraça nesse instante e começa a cair, enquanto o avião prossegue em sua rota. A pipa vem caindo devagar e acaba pousando no alto de um coqueiro. Um garotinho negro que estava trepando no tronco para apanhar cocos contempla esse objeto estranho e aterrador sobre as folhas do coqueiro. Ele solta um grito agudo e cai lá embaixo. Seus pais e os vizinhos correm para lá e começam a discutir essa aparição com medo e apreensão. Por fim mandam vir o feiticeiro da aldeia, que aparece vestido de penas, rodeado por tocadores de tambor. Ele oferece sacrifícios e orações, e então manda seu homem mais corajoso subir na árvore para trazer o objeto, o que ele faz com a devida reverência. O feiticeiro então lidera toda a tribo em uma procissão que vai desde o coqueiro até o santuário da aldeia, onde aquele objeto sobrenatural é colocado, e onde é venerado até hoje.

Esse era o mais dramático dos muitos livros importados, lindamente embalados, porém humilhantes, à disposição de nossos filhos, talvez até oferecidos a eles por seus pais como presente de aniversário.

Assim, quando meu amigo, o poeta Christopher Okigbo, na época representante da Cambridge University Press na Nigéria, me chamou e disse que eu precisava escrever um livro infantil para sua editora, não tive dificuldade alguma em perceber a necessidade e a urgência dessa tarefa. Assim, escrevi *Chike e o rio*, e o dediquei a Chinelo e a todos os meus sobrinhos e sobrinhas.

(Estou fazendo tudo parecer muito simples. Mas, mesmo que as crianças sejam pequenas, escrever um livro infantil não é nada simples. Lembro-me de que meu primeiro projeto era curto demais para o formato da Cambridge; o editor me sugeriu dar uma olhada em *O passaporte de Mallam Illia*, de Cyprian Ekwensi, para eu ter uma ideia do tamanho necessário, e assim fiz.)

Com Chinelo, aprendi que os pais não devem assumir que tudo o que precisam fazer com relação aos livros é encontrar a loja de departamentos mais chique e escolher o livro mais atraente das prateleiras. Nossa complacência foi bem castigada por aquele veneno que agora víamos embrulhado em papel de presente e levado para casa para nossa menininha. Aprendi que, se eu quisesse um livro que fosse seguro para minha filha, eu deveria pelo menos lê-lo do começo ao fim — e, melhor ainda, escrevê-lo eu mesmo.

Nossa segunda filha, Nwando, nos forneceu uma variação sobre o tema de Chinelo oito anos depois. O ano era 1972 e estávamos em Amherst, Massachusetts, onde eu havia me retirado com a família depois da catástrofe que foi a guerra civil de Biafra. Eu fora convidado para lecionar na universidade, e minha mulher decidiu terminar ali sua pós-graduação. Matriculamos nossos três filhos mais velhos em várias escolas de Amherst, e Nwando, que tinha dois anos e meio, em uma creche. Ela odiava aquela creche com todas as forças. No começo pensamos que fosse o problema passageiro de uma criança que nunca saíra de casa. Mas era mais do que isso. Todas as manhãs, quando eu a deixava lá, ela chorava e gritava tanto que eu continuava a ouvi-la em minha cabeça nos cinco quilômetros do caminho de volta. À tarde, quando eu ia buscá-la, ela parecia desolada. Pelo que eu percebia, ela não falava nem uma única palavra com ninguém o dia todo.

Como eu estava incumbido de levá-la para a escola todos os dias, comecei a ter pavor das manhãs tanto quanto ela. Mas no final entramos num acordo que resolveu o problema. Eu lhe contaria uma história durante o caminho, se ela prometesse não chorar quando eu a deixasse na escola. Logo ela passou a querer outra história no caminho de volta. Nem é preciso dizer que esse acordo exigiu o máximo do meu repertório de histórias conhecidas e inventadas. Mas funcionou. Nwando já não chorava. No final do ano ela se tornara um tal sucesso na escola que muitos de seus coleguinhas americanos começaram a chamar a escola de "Nwando--haven" em vez do nome verdadeiro, "Wonderhaven".

*2009*

# Reconhecimento

As atenções que recebi nos meses de maio e junho de 1989 poderiam fazer até mesmo um homem modesto como eu ter delírios de grandeza. Naquela primavera, concluí um período de ensino no City College de Nova York com uma festa que, segundo me disseram, fora planejada como uma pequena reunião, um almoço para colegas e amigos íntimos, mas terminou sendo uma grandiosa noite de eventos. Um dos mais espantosos foi a leitura de uma proclamação assinada, selada e emoldurada, emitida pelo presidente do Distrito de Manhattan nomeando o dia do evento, 25 de maio, "Dia de Chinua Achebe" "em reconhecimento por seu compromisso com sua arte, e com a expressão e a transmissão do conhecimento e da verdade por meio de seus escritos e de suas atividades de ensino". Em matéria de reconhecimento, foi uma experiência totalmente nova para mim que de imediato fez minha mente começar a trabalhar nesse assunto complicado.

Já mencionei em outro texto um conterrâneo meu que escreveu uma narrativa muito interessante sobre sua vida e a publicou em Londres há duzentos e poucos anos. Sua situação era muito diferente da minha. Foi escravizado quando criança e, depois de muitas aventuras, conseguiu comprar sua liberdade e se fixar em Londres. Ao apresentar seu livro para o público inglês da época, ele assim escreveu:

> É [...] bastante perigoso que um indivíduo privado, totalmente obscuro, e além disso estrangeiro, venha solicitar desta forma a atenção e a indulgência do público. [...] Não tenho a tola vaidade de esperar dele nem a imortalidade nem a reputação literária.

"Olaudah Equiano, ou Gustavus Vassa, o Africano" — essa era a maneira colorida e extravagante com que esse autor se identificava na capa de seu livro. Note-se que esse nome espetaculoso foi empurrado em cima de Equiano. O editor da reedição do livro de 1989 nos diz que o oficial naval inglês que o tinha comprado "lhe deu o nome de Gustavus Vassa, seguindo o costume condescendente de dar aos escravos o nome de heróis europeus".[1] Suponho que é mais ou menos como alguém chamar seu gato de Napoleão. Equiano lutou muito para conservar seu nome igbo, e por fim obteve algum sucesso com esse longo nome misto. Conseguiu certo reconhecimento, pois seu livro teve nove edições na Inglaterra entre 1789 e 1797, o ano de sua morte. Hoje Equiano está sendo redescoberto na terra dos igbo e também muito além dela. Já localizei, com uma precisão que julgo satisfatória e com base em indícios de seu texto, que sua aldeia natal é Iseke. Um entusiasta ainda mais arrojado, ou talvez totalmente falto de discernimento, foi ainda mais longe, apresentando parentes atuais da família de Equiano! Um exemplo do fascínio que Equiano exerce foi um congresso internacional em Salt Lake City comemorando o bicentenário de *A interessante narrativa da vida de Olaudah Equiano, ou Gustavus Vassa, o Africano. Escrita por ele mesmo.* A Geografia se contrai; a História se reduz.

Já mencionei a sábia moderação das expectativas de Equiano sobre a imortalidade e a reputação literária. Mas a vida extraordinária que ele teve e o registro que fez dela são, sem dúvida, material para a grande literatura. Teria sido ele, de fato, o primeiro escritor na Inglaterra que levou seus livros de lugar em lugar e de porta em porta? Se assim foi, ele fez chegar à Europa uma importante prática cultural da África Ocidental. E se não foi assim, podemos nos limitar a classificá-lo como um bom material para um personagem lendário.

Antes do evento no City College, fui convidado por meus editores americanos para um jantar de livreiros em Washington. A corrida de táxi já foi, por si só, uma mini-história.

Por acaso, o taxista era nigeriano. Ele olhou para trás quando entrei no carro e pronunciou meu nome em tom interrogativo. Assenti, e ele ficou tão animado que falou o caminho inteiro, até chegarmos a nosso destino. Os outros dois passageiros, outro escritor e um diretor da nossa editora, apenas ficaram ali sentados, assistindo àquela manifestação comovente — a qual eu, sendo parcialmente responsável por ela, tentava, a intervalos e com pouco sucesso, deter ou desviar de rumo. No fim do trajeto o editor estendeu uma nota de vinte dólares ao motorista. Ele recusou, dizendo que Chinua Achebe jamais pagaria uma corrida em seu táxi. Eu lhe disse que não estava pagando, que era meu editor quem estava pagando, um homem muito rico. Ele continuou se recusando vigorosamente, dizendo que os amigos de Chinua Achebe jamais pagariam uma corrida em seu táxi!

Quantas manifestações de reconhecimento agradáveis e frutíferas. Mas depois de alguns dias recebi outro tipo de reconhecimento, numa dessas sequências de eventos contrastantes que parecem chegar a nós por obra e graça de algum invisível diretor de teatro. Foi em uma visita que o escritor somali Nuruddin Farah me fez, na Casa Internacional, em Riverside Drive, Nova York, onde me hospedei quando estive na cidade. Ele estava a caminho do aeroporto, já encerrando sua estada no campus da universidade estadual em Stony Brook.

Enquanto estávamos na sala de recepção trocando artigos de jornal, um recepcionista o reconheceu e perguntou, animado, se ele era Nuruddin Farah, ao que ele respondeu que não. É, sim, disse o outro. Não sou, não, disse Farah. É, sim, disse ele. Não sou, disse Farah. Isso continuou, de brincadeira e não tão de brincadeira, por bastante tempo, até que os dois finalmente resolveram a questão e começaram a falar em somali.

"Eu nunca admito quem sou por uma questão de princípio", disse Farah, fato que eu até já conhecia. E conhecia também um dos motivos: em pelo menos uma ocasião, ele escapara por pouco de morrer nas mãos da polícia de sua terra natal.

Assim, é uma sorte poder se deliciar na luz do sol que é o reconhecimento que nos vem dos outros. Ou talvez seja apenas ingenuidade.

*2009*

# O nome difamado da África

É uma grande ironia da história e da geografia que a África, cujo território está mais próximo do que qualquer outro do continente europeu, ocupe no psiquismo europeu o ponto mais extremo da alteridade; que ela seja, na verdade, a antítese da Europa. O poeta e estadista franco-africano Léopold Sédar Senghor, com plena consciência desse paradoxo, decidiu celebrar essa proximidade problemática em um poema, "Oração às máscaras", com a imagem surpreendente de um dos exemplos mais profundos de proximidade que há na natureza: "unidas pelo umbigo". E por que não? Afinal, o litoral norte da África e o litoral sul da Europa abarcam, como duas mãos em concha, as águas do mar mais famoso do mundo, considerado pelos antigos o coração e o centro do mundo. A metáfora de Senghor teria sido mais apreciada nos dias do antigo Egito e da antiga Grécia do que hoje.

Deixando de lado a história, a geografia também pode nos dar uma aula, à sua maneira, sobre o paradoxo da proximidade. Essa lição, que provavelmente não foi percebida por ninguém, exceto por aqueles de nós que vivíamos na África Ocidental nos últimos dias do Império Britânico, foi a ridícula igualdade longitudinal entre Londres, a poderosa metrópole imperial, e Acra, o acampamento rústico e rebelde da insurreição colonial; de modo que, apesar das situações tão desiguais na vida, as duas cidades eram nomeadas pelo mesmo meridiano de Greenwich e, assim, fadadas a estar sempre juntas na mesma hora do dia! Mas a longitude é só metade da história. Há também a latitude, e a latitude faz com que Londres e Acra tenham experiências muito diferentes com a temperatura do meio-dia, por exemplo, que talvez tenha dado a seus habitantes, ao longo de muitas eras, uma cor de pele radicalmente diferente. Assim, as diferenças existem, se é isso que se está procurando. Mas de forma alguma essas diferenças poderiam explicar satisfatoriamente a profunda imagem do "diferente", do "estrangeiro" que a África tem representado para a Europa.

Esse problema de imagem não tem origem na ignorância, como às vezes somos levados a pensar. Pelo menos não apenas na ignorância, e nem mesmo principalmente na ignorância. Foi, grosso modo, uma *invenção* deliberada, concebida para facilitar dois gigantescos eventos históricos: o tráfico transatlântico de escravos e a colonização da África pela Europa, com o segundo evento seguindo de perto o primeiro, e os dois juntos se prolongando por quase meio milênio, desde aproximadamente 1500 d.C. Em um estudo importante e abalizado a respeito dessa invenção, duas estudiosas americanas, Dorothy Hammond e Alta Jablow, mostram como uma mudança radical nos textos britânicos sobre a África coincidiu com o aumento no volume do tráfico de escravos, até seu apogeu no século XVIII. O conteúdo dos textos

> passou de relatos quase indiferentes e factuais sobre aquilo que os viajantes tinham visto para a avaliação e o julgamento dos africanos. [...] A mudança para comentários tão pejorativos se deve, em

grande parte, aos efeitos do comércio de escravos. O interesse comercial pelo tráfico de escravos gerou uma literatura de desvalorização; e como o tráfico de escravos estava sob ataque, os textos mais depreciativos sobre a África vieram dos defensores literários desse tráfico. Por exemplo, [o traficante de escravos escocês Archibald] Dalzel prefaciou sua obra [A história do Daomé] com uma apologia à escravidão: "Sejam quais forem os males que possam acompanhar o comércio de escravos [...] ele é misericordioso [...] para com os pobres coitados que [...] de outra forma sofreriam na faca de açougueiro". Surgiram numerosos panfletos a favor da escravidão, sempre dispostos a mostrar a imoralidade e a degradação dos africanos. [...] Assim, escravizar um povo tão degradado era não só justificável como até desejável. O caráter dos africanos só poderia mudar para melhor através do contato com seus senhores europeus. E, na verdade, a escravidão se tornou o meio de salvação dos africanos, pois ela os introduziu no cristianismo e na civilização.[1]

O vasto arsenal de imagens depreciativas da África que foram coletadas para defender o tráfico de escravos e, mais tarde, a colonização, deu ao mundo uma tradição literária que agora, felizmente, está extinta; mas deu também uma maneira particular de olhar (ou melhor, de não olhar) a África e os africanos que, infelizmente, perdura até os dias de hoje. Assim, apesar de os impressionantes romances "africanos", tão populares no século XIX e início do século XX, terem rareado até praticamente acabar, a obsessão secular que revelam pelos estereótipos escabrosos e degradantes da África passou para o cinema, o jornalismo, certos ramos da antropologia e até mesmo para o humanitarismo e o trabalho missionário.

Alguns anos atrás, vi um extraordinário programa de televisão sobre os filhos dos maiores criminosos de guerra nazistas, que tiveram a vida arrasada pelo peso da culpa dos pais. Lembro que no início senti pena deles. Mas de repente veio a informação de que um deles tinha entrado para a Igreja e ia para o Congo como missionário. Fiquei de orelha em pé.

"O que o Congo tem a ver com isso?", perguntei à minha tela de TV. Lembrei-me então do variegado desfile de aventureiros, santos e pecadores atraídos para aquela região desde que ela foi descoberta pela Europa em 1482 — monges franciscanos, padres jesuítas, emissários dos reis de Portugal, exploradores e missionários, agentes do rei Leopoldo da Bélgica, H. M. Stanley, Roger Casement, Joseph Conrad, Albert Schweitzer, caçadores de marfim e comerciantes de borracha, traficantes de escravos e almas humanitárias. Todos fizeram sua visita e deixaram sua marca, para o bem ou para o mal. E o Congo, tal como aquela antiga árvore na beira de uma estradinha muito utilizada, mostra em sua casca incontáveis cicatrizes de facão.

O problema, paradoxalmente, é que um santo como Schweitzer pode dar muito mais trabalho do que alguém como o rei Leopold II, um vilão cuja culpa não tem perdão. Schweitzer, além de fazer boas coisas e salvar vidas africanas, também houve por bem anunciar que o africano de fato era seu irmão, mas apenas seu irmão *mais jovem.*

Porém, entre as centenas de milhares de visitantes europeus que foram à região do Congo nos últimos quinhentos anos, poucos tiveram tanta destreza e poder de prestidigitação como Joseph Conrad, e poucos deixaram uma assinatura tão profunda naquela árvore à beira de estrada. Em seu romance passado no Congo, *Coração das trevas,* Conrad conseguiu transformar elementos provenientes de séculos de textos transparentemente grosseiros e fantasiosos sobre os africanos em um texto de literatura permanente e "séria".

No meio de sua história, Conrad descreve uma viagem em que subiu o rio Congo, na década de 1890, como se fosse o primeiríssimo encontro entre a humanidade consciente, vinda da Europa, e uma hegemonia inconsciente, primeva, que, aparentemente, não tinha ido a lugar nenhum nem visto ninguém desde a criação do mundo. Naturalmente, é a parte consciente que conta a história:

> Éramos errantes em uma terra pré-histórica, uma terra com o aspecto de um planeta desconhecido. Poderíamos fantasiar que éramos os primeiros homens a tomar posse de uma herança maldita.[2]

"Terra pré-histórica... planeta desconhecido... fantasiar que éramos os primeiros homens."

Essa passagem, que mostra o melhor de Conrad, ou o pior, segundo a predileção do leitor, segue por um bom tempo através de "uma explosão de gritos", "um turbilhão de braços e pernas negras", "mãos batendo palmas", "pés batendo no chão", "corpos balançando", "olhos revirados", "um negro frenesi incompreensível", "o próprio homem pré-histórico", "a noite do início dos tempos". E então Conrad dá seu famoso golpe de misericórdia. Seriam essas criaturas realmente humanas? E ele responde à pergunta com a mais sofisticada ambivalência da dupla negativa:

> Não, eles não eram inumanos. Bem, mas você sabe que isso foi o pior de tudo — a suspeita de que eles não fossem inumanos.[3]

Mas, voltando à palavra "fantasiar" que o gênio de Conrad iluminou:

> Poderíamos fantasiar que éramos os primeiros homens a tomar posse de uma herança maldita.

Sugiro que "fantasiar" é a palavra que dá o alarme aqui, a palavra que se insinuou no delírio perigosamente bombástico de

Conrad, devido a seu gênio e também por simples ação da razão e da sanidade mental. Mas, infelizmente, foi abandonada quase de imediato pelo sortilégio emocional e psicológico lançado sobre ele pela antiga e rica tradição dos textos sobre a África. Conrad foi, ao mesmo tempo, prisioneiro dessa tradição e seu divulgador mais influente, pois foi ele, mais do que ninguém, que conseguiu ser admitido no hall da fama da "literatura canônica". A Fantasia, às vezes chamada de Imaginação, não é inimiga da Ficção. Pelo contrário, as duas são amigas íntimas. Mas elas também observam atentamente o protocolo em relação aos domínios de cada uma e aos domínios de seu divertido e difícil vizinho, o Fato.

Conrad foi um escritor que conservou boa parte de sua ficção bem próxima dos fatos de sua vida de marinheiro. Não tinha obrigação nenhuma de fazer isso, mas foi esta a sua opção — escrever sobre lugares que realmente existem e sobre as pessoas que ali vivem. Ele confessou, em sua Nota do Autor de 1917, que

> *Coração das trevas* também vem da experiência, mas é a experiência um pouquinho forçada (muito pouco) para além dos fatos reais do caso, para o propósito, perfeitamente legítimo, creio eu, de incuti-la na mente e no coração dos leitores.[4]

Um "fato real" que Conrad talvez ignorasse é a quantidade de viajantes que o rio Congo já tinha visto antes de avistar o escritor na década de 1890. Mesmo deixando de lado os africanos que viviam em suas margens, muitos europeus já tinham vindo ao rio antes de Conrad. Houve um veleiro europeu no rio Congo quatrocentos anos antes de Conrad fazer sua viagem e se imaginar o primeiro homem a realizá-la. Esse grau de fantasia pede o acompanhamento de uma boa dose de fatos.

O capitão português Diogo Cão, que encontrou o rio Congo e o revelou à Europa em 1482, estava, na verdade, à procura de outra coisa quando deu com o rio; buscava uma passagem ao redor da África para o oceano Índico. Em sua segunda viagem rio acima, foi além de sua primeira escala e ficou sabendo, pelos moradores da região, que havia um poderoso governante cuja capital ficava ainda mais acima. Diogo Cão deixou quatro monges franciscanos estudando a situação e prosseguiu no objetivo principal de sua expedição. Na volta, desviou-se mais uma vez para o rio Congo, a fim de buscar seus monges, mas eles tinham desaparecido! Em retaliação, fez vários reféns africanos, levou-os para Lisboa e os entregou a dom Manuel de Portugal.[5] Esse malfadado início da aventura europeia no coração da África foi logo reparado quando Diogo Cão voltou ao Congo pela terceira vez, em 1487, trazendo de volta seus reféns africanos, que nesse meio-tempo tinham aprendido o idioma português e a religião cristã. Cão foi levado à presença do rei, o Mweni-Congo, sentado em um trono de marfim, rodeado por seus cortesãos. Os monges de Diogo Cão lhe foram devolvidos, e tudo acabou bem. Seguiu-se um período extraordinário, em que o rei do Congo se tornou cristão, com o título de dom Afonso I. Não demorou e

> os reais irmãos de Portugal e Congo estavam trocando cartas formuladas em termos de absoluta igualdade de status. Emissários eram enviados de um ao outro. Relações se iniciaram entre Mbanza e o Vaticano. Um filho do Mweni-Congo tornou-se bispo do seu país, nomeado em Roma.[6]

Esse bispo, dom Henrique, havia estudado em Lisboa e, quando chefiou uma delegação de nobres congoleses a Roma para se consagrar bispo, dirigiu-se ao papa em latim.

Nzinga Mbemba, batizado como dom Afonso, foi um homem realmente extraordinário. Já escrevi sobre ele em outro texto, mas quero enfatizar que já na meia-idade aprendeu a ler e a falar português. Dizia-se que, quando estudou o código legal português, surpreendeu-se com sua excessiva severidade. Brincando, perguntou certa vez ao emissário português qual era a penalidade em seu país para quem se atrevesse a pôr os pés no chão! Essa crítica provavelmente foi relatada ao rei de Portugal, pois em uma carta de 1511 a seu "real irmão", dom Afonso, ele se refere, em tom defensivo, à diferença das noções de severidade entre as duas nações.[7] Será que poderíamos imaginar nos dias de hoje uma situação em que um dirigente africano estivesse fazendo, e não recebendo, uma admoestação sobre questões de direito e civilização?

O reino cristão de dom Afonso I no Congo não teve bom destino e acabou sendo destruído dois séculos mais tarde, após uma prolongada luta contra os portugueses. Uma grande causa dos problemas foi a determinação dos portugueses de levar embora do Congo a maior quantidade possível de escravos, todos de que necessitava sua vasta e nova colônia, o Brasil, e o desejo dos reis do Congo de limitar ou eliminar o tráfico. Houve também uma disputa sobre direitos de mineração. Na guerra que por fim acabou com a independência do reino congolês e ali estabeleceu o controle português, os exércitos de ambos os países marcharam com estandartes cristãos.

Se essa história parece um conto de fadas, não é porque não tenha acontecido, e sim porque nos familiarizamos demais com a África criada pelo *Coração das trevas* de Conrad, por sua longa linha de antecessores que remonta ao século XVI e seus sucessores de hoje na mídia impressa e eletrônica. Essa tradição inventou uma África onde nada de bom acontece ou jamais aconteceu, uma África que ainda não foi descoberta e está à espera do primeiro visitante europeu para explorá-la, explicá-la e consertá-la — ou, mais provavelmente, morrer tentando.

Na infância de Conrad, os exploradores eram o equivalente das estrelas de Hollywood de hoje. Com nove anos, Conrad apontou para o centro da África em um mapa e disse: "Quando eu crescer, vou para lá!". Entre seus heróis estavam Mungo Park, que se afogou explorando o rio Níger; David Livingstone, que morreu procurando as nascentes do Nilo; o dr. Barth, o primeiro branco a chegar aos portões da cidade murada de Kano. Conrad conta uma história memorável de Barth "se aproximando de Kano, que nenhum olho europeu tinha visto até então", e uma população de africanos excitados saindo dos portões em correria "para contemplar aquele prodígio".[8]

Conrad também nos conta que gostava muito mais daquela história do dr. Barth como o primeiro homem branco do que do relato de Sir Hugh Clifford, governador britânico da Nigéria, que quarenta anos depois viajou com uma comitiva e todas as honras e pompas para inaugurar uma escola superior em Kano. Embora Conrad e Hugh Clifford fossem amigos, a história e as fotos desse segundo evento sobre Kano deixaram Conrad "sem entusiasmo algum. A educação é uma grande coisa, mas o dr. Barth atrapalha tudo".[9]

Isso é posto de maneira clara e sincera. A África das escolas superiores tem, compreensivelmente, pouco interesse para os ávidos amantes da África inexplorada. Em um de seus últimos ensaios, "A geografia e alguns exploradores", Conrad define os exploradores que admirava como "os pais da geografia militante", ou, com mais reverência ainda, como "os abençoados da geografia militante". Entrando na cena tarde demais para fazer parte dessas fileiras, teria ele se tornado apenas um militante na arte de inventar, magicamente, a geografia e a história? Deixemos claro, de imediato, que não é crime preferir a África dos exploradores à África das universidades. Algumas boas pessoas assim o fizeram. Quando eu era um jovem produtor de rádio em Lagos, no início dos anos 1960, uma figura lendária da primeira década do regime colonial britânico na Nigéria voltou para fazer uma última visita, já com seus oitenta anos. Sylvia Leith-Ross fez um estudo muito importante das mulheres igbo em seu trabalho pioneiro *Mulheres africanas*, no qual ela concluiu, com base em um grande volume de entrevistas pessoais com mulheres igbo, que elas não se encaixavam nos estereótipos europeus de escravas oprimidas e bestas de carga.[10] Ela gentilmente aceitou fazer para mim um programa de rádio sobre a Nigéria na virada do século XX. Foi um programa maravilhoso. O que mais me marcou foi quando ela reconheceu que havia muitas boas novidades no país, como o Colégio Universitário de Ibadan, perguntando com melancolia: "Mas onde está minha amada selva?".

Terá sido esse mesmo desejo nostálgico pelo exótico a razão de Conrad preferir um solitário explorador europeu, e não a educação na África? Percebi uma diferença de tom. Sylvia Leith-Ross expressou sua preferência de maneira suave, quase zombando de si mesma e sem o menor laivo de hostilidade. Na pior das hipóteses, poderíamos dizer que era uma romântica ambientalista! Mas Conrad é diferente. Na melhor das hipóteses, ficamos na dúvida quanto ao significado de sua escolha. Isto é, até encontrarmos em *Coração das trevas* sua descrição de um africano que havia recebido os rudimentos da educação:

Enquanto isso eu tinha que cuidar do selvagem que era nosso bombeiro. Era um espécime aperfeiçoado, capaz de acender uma caldeira vertical. Ficava ali logo abaixo de mim e, palavra de honra, vê-lo era tão edificante como ver um cão andando nas patas traseiras, com uma paródia de calções e chapéu emplumado. Alguns meses de treinamento tinham causado grande efeito naquele homem, realmente um bom sujeito. Ele apertava bem os olhos para enxergar os medidores de vapor e de água, em um esforço evidente de intrepidez. Tinha os dentes limados, o pobre-diabo, a carapinha raspada formando desenhos estranhos e três cicatrizes ornamentais de cada lado do rosto. Na verdade ele deveria estar batendo palmas e sapateando na margem do rio; mas em vez disso, estava trabalhando duro, escravo de uma estranha bruxaria, repleto de novos conhecimentos.[11]

Esse é um texto venenoso, em plena consonância com os princípios da tradição europeia em seus retratos da África inspirados no tráfico de escravos. Há infinitas variações nessa tradição, o "problema" da educação na África; por exemplo, pode-se mostrar um africano muito instruído descartando seu verniz de civilização junto com seu blazer tipo Oxford assim que os tambores começam a bater. Moral da história: a África e a educação não se misturam. Ou então: a África vai sempre reverter a seu verdadeiro caráter. E qual é esse caráter? Alguma coisa escura, ameaçadora e diferente. No centro de todos os problemas que a Europa teve ao formar sua imagem da África está a questão simples do africano como ser humano: afinal, eles são ou não são como nós?

Conrad concebeu uma ordem hierárquica simples para as almas dos personagens de *Coração das trevas*. No nível mais baixo estão os africanos, que ele chama de "almas rudimentares". Acima deles vêm os europeus cheios de defeitos, obcecados pelo marfim, mesquinhos, cruéis, moralmente obtusos; ele os chama de "almas maculadas" ou "almas pequenas". No alto estão os europeus comuns, cujas almas, ao que parece, não necessitam de adjetivos. E o parâmetro para medir as almas acaba sendo o maligno personagem de Mr. Kurtz:

Ele tinha o poder de encantar ou amedrontar as almas rudimentares, que entravam em uma frenética dança ritual de bruxaria em sua homenagem; e também conseguia encher as almas pequenas dos peregrinos de amargas dúvidas — esse homem tinha pelo menos um amigo dedicado, havia conquistado uma alma neste mundo que não era nem rudimentar nem maculada pelo egoísmo.[12]

A alegada tendência dos africanos de cultuar com adoração qualquer europeu que apareça por lá é outro tema predileto dos textos europeus sobre a África. As variações incluem a história dos africanos que se põem a venerar uma garrafa de Coca-Cola vazia que cai de um avião. Nem as histórias infantis escapam desses insultos, como certa vez fiquei sabendo ao cometer a tolice de comprar para minha filha um livro caro, todo colorido, sem antes examiná-lo.

A frenética dança da bruxaria, com hordas de nativos africanos prestando homenagem a um branco enlouquecido, é algo que pode estar de acordo com as necessidades e os desejos daqueles que elaboram fábulas sobre uma África que nunca existiu; mas a experiência do Congo foi diferente. Em vez de prostrar-se em adoração por seus invasores, o povo dessa região africana tem uma longa história de resistência ao controle europeu. Em 1687 um exasperado padre italiano, o padre Cavazzi, queixou-se:

> Nessas nações os homens se julgam os mais proeminentes do mundo. Eles imaginam que a África é não apenas a maior parte do mundo como também a mais feliz e mais agradável. [...] [Seu rei] está convencido de que não existe outro monarca no mundo que lhe seja igual.[13]

Entre as palavras do padre Cavazzi e as imagens de Joseph Conrad de selvagens girando loucamente, gritando uma algaravia incompreensível, houve de fato um hiato de dois séculos de duras realidades. Mas isso não explicaria a diferença.

Erra quem afirma que Conrad estava do lado dos africanos, pois sua história mostra grande compaixão para com eles. Os africanos não ficam nada bem servidos por sua compaixão, seja lá o que for que isso signifique; eles só pedem uma coisa — que sejam vistos como aquilo que são: seres humanos. Conrad não lhes concede esse favor em *Coração das trevas*. Pelo que vemos, há pessoas capazes de ler esse livro sem ver nenhum problema. Simplesmente precisamos ter paciência. Mas convém dizer uma palavra aos defensores encarniçados, que se rendem à desculpa de que a insensibilidade racial de Conrad era normal na época. Mesmo que assim fosse, seria uma falha em um escritor sério — uma falha que hoje uma crítica responsável não relevaria. Mas nem sequer é verdade que todo mundo na época de Conrad era como ele. David Livingstone, um contemporâneo mais velho, e que não era nenhum santo, foi diferente. Por ironia, foi também o grande herói de Conrad, que o colocou

> entre os abençoados da geografia militante. [...] Uma figura notável de europeu, e o mais venerado, talvez, dos objetos do meu entusiasmo juvenil pela geografia.[14]

No entanto, a sabedoria e o amplo senso de humanidade de seu herói escaparam a Conrad. O que pensava ele do famoso julgamento que Livingstone fez dos africanos?

> Tenho dificuldade para chegar a uma conclusão quanto ao caráter [dos africanos]. Eles por vezes executam ações notavelmente boas, e por vezes o contrário, de maneira igualmente estranha. [...] Após prolongada observação, cheguei à conclusão de que eles são uma estranha mistura do bem e do mal, uma mistura tão estranha como são os homens em todas as partes.[15]

Joseph Conrad era quarenta e quatro anos *mais jovem* do que David Livingstone. Se sua época foi a responsável por sua atitude racial, deveríamos esperar que ele fosse mais avançado do que Livingstone, e não mais retrógrado. Sem dúvida, a época em que vivemos influencia nosso comportamento, mas os melhores entre nós, ou simplesmente os que são um pouco melhores, como Livingstone, nunca se deixam aprisionar por sua época.

Aqui se pode fazer uma analogia interessante com o imaginário dos africanos nas artes visuais da Grã-Bretanha setecentista. Refiro-me a uma exposição de 1997 na National Portrait Gallery, em Londres, sobre Ignatius Sancho, um homem de letras africano do século XVIII, e seus contemporâneos. O carro-chefe da exposição era o famoso retrato de Ignatius Sancho pintado por Thomas Gainsborough em 1786. O historiador de arte Reyahn King assim descreve o quadro:

> A habilidade de Gainsborough aparece mais claramente em seu tratamento da cor da pele de Sancho. Ao contrário de Hogarth, que utilizava pigmentos violeta ao pintar rostos negros, resultando em um tom de pele acinzentado, no retrato de Gainsborough o vermelho-tijolo do colete de Sancho, combinado ao fundo com um rico tom marrom e com a cor da pele de Sancho, dá ao quadro um calor inusitado nos tons e também no sentimento. Gainsborough pintou uma fina camada sobre uma base avermelhada, com o sombreamento num tom de chocolate e um mínimo de luzes frias sobre o nariz, queixo e lábios de Sancho. O resultado é que o rosto parece rebrilhar, em forte contraste com o efeito de desaparecimento tão frequente no rosto dos criados negros que aparecem nas sombras nos retratos setecentistas de seus amos.[16]

É evidente que Gainsborough dedicou atenção e respeito ao seu quadro; e produziu o magnífico retrato de um africano nascido em um navio negreiro, que, quando posava para o retrato, ainda era servo de uma família inglesa aristocrática. Mas nenhum desses fatos lhe tirou a dignidade humana no retrato de Gainsborough.

Outros retratos de negros foram pintados na Grã-Bretanha na mesma época. Um deles nos oferece um verdadeiro estudo de contrastes com o retrato de Ignatius Sancho por Gainsborough. O africano retratado nesse outro quadro era um certo Francis Williams, formado em Cambridge, poeta, fundador de uma escola na Jamaica: um fenômeno espantoso naqueles dias.[17] Um retrato de Williams feito por um artista anônimo mostra um homem com um grande rosto chato sem nenhuma característica especial, em pé em uma biblioteca abarrotada, com minúsculas perninhas de palito. Era, sem dúvida, uma tentativa de escárnio. Talvez Francis Williams despertasse ressentimentos devido a suas realizações tão raras. Decerto esse retrato anônimo que o mostrava como um espantalho tencionava colocá-lo no seu devido lugar, da mesma forma que o filósofo David Hume, segundo se diz, desdenhou as realizações de Williams, comparando a admiração que as pessoas tinham por ele com o louvor que poderiam prestar a "um papagaio que fala algumas palavras com clareza". É bem evidente, portanto, que na Grã-Bretanha setecentista havia britânicos, tais como o pintor Gainsborough, prontos a conceder respeito a um africano, até mesmo a um africano que era um criado; e havia outros britânicos, tais como o retratista anônimo de Francis Williams, ou o eminente filósofo Hume, que escarneciam das realizações de um negro. E isso não provinha tanto da época em que viviam, e sim do tipo de pessoas que eram. O mesmo se deu nos tempos de Joseph Conrad, um século depois, e o mesmo se dá hoje!

As coisas não vêm correndo bem na África há um bom tempo. A era da liberdade das colônias, que começou de forma tão otimista com Gana em 1957, logo foi capturada pelos manipuladores da Guerra Fria e distorcida em uma temporada mortal de conflitos ideológicos ostensivos. Estes incentivaram o surgimento de todo tipo de governantes malignos, que podiam contar com um suprimento ilimitado de armas vindas de seus patronos no exterior, por mais atroz que fosse a maneira deles de governar.

Com o repentino final da Guerra Fria, esses governantes, ou

seus sucessores, perderam o valor para seus patronos; foram jogados na lata de lixo e ali esquecidos, junto com seus países. Hoje os desastres se sucedem com impunidade em grande parte da África, de norte a sul e de leste a oeste: guerras, genocídios, ditaduras militares e civis, corrupção, economias em colapso, pobreza, doenças, e todos os males que acompanham o caos político e social! É preciso que essas tristes condições sejam relatadas, pois o mal viceja melhor nos cantos mais silenciosos e recônditos. Em muitos países africanos, porém, a mídia local não pode noticiar esses acontecimentos sem desencadear consequências graves e até fatais. Assim, com frequência o correspondente estrangeiro é a única forma de conseguir que um fato importante seja noticiado ou de chamar a atenção do mundo para desastres encobertos ou em vias de acontecer. Esse papel tão importante acarreta diversos riscos. Pode expor o correspondente estrangeiro a um perigo físico real, mas também há o perigo moral de ceder ao sensacionalismo e desumanizar o sofredor. Esse perigo imediatamente suscita a questão do caráter e da atitude do correspondente, pois as mesmas qualidades mentais que no passado separavam Conrad de Livingstone, ou Gainsborough do pintor anônimo de Francis Williams, ainda estão presentes e ativas no mundo de hoje. Talvez se possa expressar melhor essa diferença em uma frase: Existe ou não respeito pela pessoa humana?

Em um calendário de 1997 publicado pela Anistia Internacional dos EUA, em conjunto com o International Center of Photography, um editorial breve, porém importante, critica algumas práticas jornalísticas atuais:

A visão apocalíptica dos jornalistas não documenta com precisão a comunidade mundial. Tampouco são eles especialmente úteis para formar uma imagem da essência humana que todos nós compartilhamos.[18]

E o texto passa a citar os princípios que nortearam a seleção das doze fotos do calendário, como segue:

> Elas documentam a humanidade autêntica. E também transmitem o fato de que cada pessoa, em qualquer lugar que seja, possui seus direitos inalienáveis e uma dignidade imperecível — duas qualidades que devem ser respeitadas e protegidas.[19]

Há um documentário que já vi mais de uma vez na rede de televisão PBS, que não se incomodou nem um pouco com as preocupações da Anistia Internacional. É sobre o sexo e a reprodução de toda a gama de seres vivos, desde as mais simples criaturas marinhas unicelulares até organismos complexos como peixes, aves e mamíferos. É uma produção científica muito competente, que não faz rodeios para explicitar de onde vêm os bebês. Está tudo lá, nu e cru. Seria mesmo necessário concluir essa odisseia da reprodução, explicitamente apresentada, com o homem (ou melhor, a mulher)? Não penso assim. A informação já tinha sido transmitida, e bem transmitida, mostrando inclusive macacos, os quais, creio eu, inventaram a posição "papai e mamãe".

Mas os produtores do documentário foram implacáveis ao cobrir o assunto exaustivamente. Assim, mostraram uma mulher em trabalho de parto com o bebê saindo dela. Mas para mim o verdadeiro choque foi que todos naquela sala de parto eram brancos, exceto a mulher em trabalho de parto, que devia ser de Gana (pelo sotaque). Talvez você possa perguntar: Por que todos os outros eram brancos? Porque tudo isso acontecia em um hospital de Londres, e não em Acra.

Tenho certeza de que os produtores do programa rejeitariam, indignados, qualquer sugestão de que a escolha da candidata tivesse sido influenciada pelo fator raça. E talvez até tivessem razão, porque provavelmente eles não se reuniram com sua equipe de produção para decidir que não seria adequado mostrar uma mulher branca. Mas acontece que essas deliberações não ocorrem assim, exceto, talvez, nas reuniões toscas de uma minoria lunática. O fator raça não é mais uma presença visível nas salas de reunião. Mas pode continuar sendo uma presença invisível no nosso subconsciente. A lição para essa equipe de produção, para os que transmitem esses programas, e para todos nós, é que, quando nos sentimos bem confortáveis e desatentos, corremos o risco de cometer graves injustiças por pura distração.

*1998*

# Política e políticos da língua na literatura africana

De todas as explosões que sacudiram o continente africano nas últimas décadas, poucas foram tão espetaculares, e tão benéficas, como o surgimento da literatura africana, jogando um pouco de luz aqui e ali sobre uma área antes mergulhada na escuridão.

Tão dramática tem sido essa mudança, que estou até presumindo que alguns leitores poderão reconhecer o título deste artigo como uma versão um tanto brincalhona do subtítulo do livro *Descolonizando a mente*, de Ngũgĩ wa Thiong'o, importante escritor e revolucionário africano. Minha brincadeira maliciosa consiste em inserir após a palavra "política" mais duas palavras — "e políticos" —, como que jogando dois gatos no meio dos pombos de Ngũgĩ.

De maneira apaixonada e dramática, o livro de Ngũgĩ argumenta que falar em uma literatura africana escrita em idiomas europeus não apenas é um absurdo como também ajuda o esquema do imperialismo ocidental a manter a África em perpétua escravidão. Ele reexamina sua própria posição de escritor em língua inglesa e conclui que não pode mais continuar participando dessa traição. Então, renuncia publicamente à língua inglesa em uma breve declaração no início do livro. Desnecessário dizer que Ngũgĩ censura com severidade os escritores africanos que continuam cúmplices do imperialismo, especialmente Léopold Senghor e Chinua Achebe — e acima de tudo Achebe, ao que todo indica porque Senghor já não ameaça ninguém!

Deixando de lado os gestos teatrais, a diferença entre mim e Ngũgĩ na questão do uso de uma língua nativa ou europeia por escritores africanos é que, enquanto Ngũgĩ acredita que se trata de escolher entre *uma ou outra*, eu sempre considerei *as duas*.

Tomei posição a respeito disso desde o início da minha carreira literária, e já expressei essa posição em diferentes ocasiões e com diversas palavras. Nenhum escritor sério pode ser indiferente ao destino de qualquer língua, muito menos sua própria língua materna. Para a maioria dos escritores do mundo, não existe conflito algum — a língua materna e a língua em que se escreve são a mesma. Mas de vez em quando, em consequência de graves razões históricas, um escritor pode se encontrar aprisionado em um impasse infeliz, cheio de inveja, entre dois deveres conflitantes. Isso não é novidade no mundo. Até mesmo nas Ilhas Britânicas irlandeses, galeses e escoceses podem sofrer de angústia ao usar o inglês, como nos lembra James Joyce de forma tão memorável. Talvez a diferença real com a África seja o tamanho enorme, a dimensão continental do problema, e também — vamos encarar a realidade — nossa aparência é muito diferente da dos ingleses, franceses ou portugueses!

Em 1962, testemunhamos a reunião de uma notável geração de jovens africanos, homens e mulheres que vieram a criar, na década seguinte, um conjunto de textos que hoje é lido seriamente e avaliado pela crítica em muitas partes do mundo.

Esse momento, esse ano tiveram uma importância extraordinária para a história da literatura africana moderna. O encontro ocorreu na Universidade de Makerere, em Kampala, Uganda.

Outro acontecimento de 1962 não recebeu tanta divulgação como o Congresso de Makerere, mas acabou se revelando igualmente portentoso. Foi a decisão de uma editora londrina com olhos no futuro de lançar a Série Escritores Africanos [African Writers Series], com base em não mais que três ou quatro títulos publicados. Na época, era consenso na indústria livreira considerar esse empreendimento uma bela tolice. Mas nos 25 anos seguintes essa série veio a publicar mais de trezentos títulos, tornando-se, sem sombra de dúvida, a maior e melhor biblioteca de literatura africana existente. Tive a sorte de participar muito de perto desses dois eventos. Eu estava presente em Makerere entre outros colegas jovens, esperançosos e autoconfiantes. Ouvi Christopher Okigbo, que morreria quatro anos depois lutando por Biafra, declarar com sua voz aguda de sino rachado que escrevia sua poesia só para poetas. Outro poeta nigeriano, olhando em torno, declarou que a África Oriental era um deserto cultural. E ouvi Wole Soyinka, sentado do outro lado do salão, recitar versos de uma paródia que acabava de compor zombando de Sedar Senghor.

Mas nem tudo correu tranquilamente, apesar da nossa juventude, do otimismo e da embriagadora confiança em nosso futuro como artistas criativos e no futuro de nossos países recém-independentes (ou que logo se tornariam independentes). Tínhamos este problema da definição. O que era a literatura africana? E era, antes de mais nada, uma questão criada pela situação anômala de os africanos escreverem em línguas europeias, fenômeno que nos foi imposto pela História, uma História peculiar e dolorosamente africana. As pessoas por vezes perguntam: "Os europeus escrevem em idiomas europeus; por que os africanos não escrevem em idiomas africanos?". Com isso elas se permitem fazer uma comparação talvez bem-intencionada, mas totalmente ignorante e sem sentido.

Quanto à Série Escritores Africanos, naquele mesmo ano memorável de 1962 fui convidado para ser seu editor-fundador, e nos dez anos seguintes investi boa parte da minha energia literária atirando-me a uma torrente de textos — textos bons, ruins e triviais que pareciam ter milagrosamente ficado à espera de que as comportas fossem abertas. E todos escritos em inglês. Como explicar isso?

Hoje em dia, nossos escritores parecem precisar explicar cuidadosamente, e até repetidas vezes, o que escrevem e por que escrevem. Vezes e vezes sem conta temos que justificar o que fazemos — "para que não haja nenhuma dúvida", como gostam de dizer os burocratas dos regimes militares em seus numerosos decretos. Talvez seja sinal da nossa incompetência que a explicação não tenha sido apresentada, de forma clara e inequívoca, já desde o início.

Um ancião da minha aldeia me contou a história de um tocador de tambor que viveu muito tempo atrás. Ele não era muito competente no tambor, mas conseguiu alcançar certa fama por reconhecer abertamente suas deficiências. Tal como fazem os melhores tocadores de tambor, ele saudava pelo nome qualquer pessoa notável que chegasse a uma cerimônia. Depois de fazer isso com a linguagem do tambor, passava a informar oralmente o interessado, para que não houvesse nenhuma dúvida, de que o tambor acabava de saudá-lo.

Eu achei que já tivesse dito todas as palavras que precisava dizer sobre nosso dilema com o idioma na literatura africana, mas talvez minhas intenções não tenham sido bem traduzidas pelas baquetas do meu tambor. Permitam-me, então, tentar de novo, de forma breve e direta.

Eu escrevo em inglês. O inglês é uma língua mundial. Mas *não* escrevo em inglês *porque* ela é uma língua mundial. Meu romance com o mundo ocupa um lugar secundário em relação a meu envolvimento com a Nigéria e com a África. A Nigéria é uma realidade que eu não poderia ignorar. E uma característica dessa realidade, a Nigéria, é que ela desempenha uma parte considerável de suas atividades diárias no idioma inglês. Enquanto a Nigéria desejar existir como nação, não tem escolha no futuro próximo senão manter unidas as mais de duas centenas de nacionalidades que a compõem por meio de uma língua estrangeira, o inglês. Eu passei por uma guerra civil em que cerca de 2 milhões de pessoas morreram devido à questão da unidade do país. Portanto, lembrar que a fundação da Nigéria ocorreu há apenas cem anos, em um congresso de potências europeias em Berlim, e com a total ausência de qualquer africano, não é de fato uma informação útil para mim. É precisamente porque o país é tão novo e tão frágil que nos dispusemos a embeber a terra com sangue para conservar as fronteiras traçadas por autoridades estrangeiras.

Vemos, assim, que a língua inglesa não se encontra na periferia dos assuntos da Nigéria; encontra-se totalmente no centro deles. É só em inglês que posso falar com meus compatriotas nigerianos, rompendo duzentas fronteiras linguísticas. É claro que também tenho minha língua materna, que, para minha sorte, é um dos três principais idiomas do país. Digo "sorte" porque essa língua, o igbo, realmente não corre perigo de extinção. Posso avaliar minha boa sorte quando a comparo com o ressentimento de outros nigerianos que se opõem com veemência ao respeito simbólico que os apresentadores de TV concedem às três principais línguas do país quando dizem boa-noite nessas línguas depois de ler um boletim de meia hora em inglês!

Nada seria mais fácil que ridicularizar nosso problema, se alguém se dispuser a isso. E nada seria mais atraente do que proclamar, a uma distância segura, que nosso trabalho como escritores não é descrever essa situação problemática, e sim mudá-la. Mas é aí que a política da língua se torna *politicagem* da língua.

Um ano após o Congresso de Makerere, um erudito nigeriano, Obi Wali, publicou um artigo de revista em que ridicularizava a reunião e instava os escritores africanos e as "parteiras" europeias de suas monstruosas criações a pararem de seguir por esse caminho sem saída. E deu a seguinte importante sugestão:

> O que gostaríamos que os futuros congressos sobre literatura africana se dedicassem a discutir é o importantíssimo problema da escrita africana em línguas africanas e todas as suas implicações para o desenvolvimento de uma sensibilidade verdadeiramente africana.[1]

Depois de estipular essa tarefa bem clara aos "futuros congressos sobre literatura africana", era de esperar que o dr. Obi Wali, ele próprio professor de literatura e amigo íntimo do poeta Christopher Okigbo, passasse a abrir caminho segundo as normas de sua receita. Mas, em vez disso, o que ele fez foi abandonar a carreira acadêmica em favor da política e dos negócios.

Como parlamentar de destaque da Segunda República Nigeriana, ele mesmo poderia ter desempenhado o papel de parteiro de uma legislação favorável a uma literatura africana em línguas africanas. Mas não: depois de fazer essa famosa intervenção, Obi Wali agiu como um político e simplesmente desapareceu de vista.

Em 1966, o primeiro golpe militar da Nigéria provocou um contragolpe e em seguida uma série de massacres horrendos de pessoas da etnia igbo no norte do país, onde se fala a língua hausa. Um famoso educador, conhecido por sua oposição ao uso contínuo do inglês na Nigéria, deu a um jornal de Lagos esta incrível declaração: se todos os nigerianos falassem a mesma língua, a matança não teria acontecido. E foi além, pedindo ao exército nigeriano que impusesse o hausa em toda a Nigéria como língua franca. Felizmente, as pessoas estavam tão ocupadas com a ameaça de desintegração enfrentada pelo país, que não deram muita atenção a essa bizarra sugestão. Mas eu não resisti a lhe escrever uma breve réplica, onde o lembrava que, na verdade, os milhares que foram assassinados falavam um excelente hausa.

O aspecto principal de tudo isso é que o idioma é um bode expiatório bastante conveniente para invocar e desancar depois de um estrondoso fracasso. Em outras palavras, fazemos política com o idioma, e dessa forma escondemos a realidade e a complexidade de nossa situação — escondemos de nós mesmos e dos tolos o bastante para confiar em nós. A política de Ngũgĩ para o idioma é de outra ordem. É o reflexo direto de uma visão maniqueísta do mundo, lentamente aperfeiçoada. Ele enxerga apenas "uma grande luta entre as duas forças mutuamente opostas na África de hoje: de um lado a tradição imperialista e, de outro, a tradição de resistência". A partir dessa visão unificada, segue-se naturalmente que os problemas linguísticos da África se classificam em línguas europeias, patrocinadas e impingidas ao povo pelo imperialismo, e línguas africanas, defendidas por forças patrióticas e progressistas de operários e camponeses.

Para demonstrar como isso funciona na prática, Ngũgĩ nos oferece uma vinheta comovente de como o inimigo interferiu com sua língua materna na "comunidade agrícola limuru":

> Nasci em uma família numerosa de trabalhadores rurais: pai, quatro esposas e cerca de 28 crianças. [...] Falávamos em gikuyu enquanto trabalhávamos no campo.[2]

Apresentam-se então ao leitor quase duas páginas desse idílio pastoral de harmonia linguística e social, onde se contam histórias ao redor do fogo ao cair da noite. Até mesmo na escola o jovem Ngũgĩ estudou no idioma kikuyu, no qual se destaca a ponto de ganhar uma ovação infantil por uma redação feita nessa língua.

Então, os imperialistas atacam em 1952, impõem o estado de emergência no Quênia, e o mundo de Ngũgĩ é brutalmente despedaçado.

Todas as escolas dirigidas por nacionalistas patrióticos foram tomadas pelo regime colonial e colocadas sob o controle de Diretorias Distritais de Educação, presididas por ingleses. O inglês se tornou a língua da minha educação formal. No Quênia, o inglês se tornou mais que uma língua: era a língua, e todas as outras tinham que fazer reverência diante dela.[3]

Uma história realmente de cortar o coração; mas também repleta de armadilhas fatais para os simplórios. Eu já havia alertado sobre esse perigo em uma das primeiras declarações que fiz na minha carreira literária — que aqueles que querem canonizar o nosso passado também devem servir como advogados do diabo e expor, ao lado das glórias, todos os fatos inoportunos. Infelizmente, Ngũgĩ é parcial demais para cumprir esse duplo dever e apresenta este relato totalmente insustentável, afirmando que os imperialistas impuseram a língua inglesa aos patrióticos camponeses do Quênia só em 1952! O que dizer do incômodo fato de que já nas décadas de 1920 e 1930,

as Escolas Independentes Kikuyu, fundadas pelos kikuyu depois de romperem com os missionários escoceses, *ensinavam em inglês* [grifo meu] e não no idioma vernáculo, desde o primeiro ano.[4]

Por mais inconveniente que isso seja, o cenário diante de nós é de agentes imperialistas (sob a forma de missionários escoceses) querendo ensinar as crianças kikuyu na língua materna delas, ao passo que os patrióticos camponeses kikuyu se revoltaram e romperam com eles porque preferiam o inglês!

O que aconteceu no Quênia ocorreu também no resto do império. Nem na Índia nem na África os ingleses tiveram o sério desejo de ensinar seu idioma aos nativos. Em 1922, quando o histórico e influente relatório da Comissão Phelps-Stokes, na África Ocidental, preconizou o uso da língua nativa e não do inglês, suas recomendações foram seguidas com entusiasmo pelo Comitê Britânico Consultivo para a Educação Nativa na África Tropical.[5] A demanda pelo inglês já existia nas regiões costeiras da Nigéria na primeira metade do século XIX. Um estudo definitivo sobre a obra das missões cristãs na Nigéria, feito pelo professor J. F. A. Ajay, relata que no delta do Níger, na década de 1850, os professores missionários já eram "obrigados a atender à demanda [...] pelo conhecimento da língua inglesa".[6]

Por volta de 1876, alguns chefes locais de Calabar, no sudeste da Nigéria, não satisfeitos com o inglês ensinado às crianças nas escolas missionárias, contratavam professores particulares, pagando-lhes altos honorários. Em nenhum desses fatos podemos ver a menor evidência da situação simplista descrita por Ngũgĩ, do imperialismo europeu forçando seu idioma garganta abaixo dos nativos, que não o desejavam. Na verdade, as atitudes do imperialismo em relação ao idioma eram extremamente complexas.

Se o imperialismo não foi o responsável, ou pelo menos não inteiramente, pela presença das línguas europeias na África de hoje, então quem é o culpado? Nós mesmos? Nossos pais? Por mais constrangedor que seja, devemos ter a ousadia de olhar para essa questão, lidar com ela de uma vez por todas, se conseguirmos, e seguir em frente. Vamos descobrir, temo eu, que a única razão pela qual essas línguas estrangeiras continuam vivas por aí é que elas atendem a uma necessidade real.

Na nossa história recente, nenhum africano lutou contra o imperialismo de forma mais obstinada, ou foi presidente de um regime mais progressista, do que Kwame Nkrumah, de Gana. E mesmo assim ficamos sabendo que

> durante a era Nkrumah, líderes políticos mostraram grande preocupação com o possível impacto divisor de uma política voltada para uma língua materna nativa. E embora o inglês seja um idioma estrangeiro para Gana, eles o consideraram o melhor veículo para alcançar a comunicação nacional e a unificação social e política.[7]

Mas havia uma dificuldade de ordem prática ainda mais urgente que a questão acima: o problema que Gana enfrentou no ensino das línguas nativas, quando a mistura étnica atingiu níveis significativos nas escolas urbanas e rurais, como resultado das modernas migrações internas. Já em 1956, o Comitê Bernard concluiu que as escolas onde os alunos falavam uma única língua materna eram muito menos numerosas do que as outras em que havia mais de cinco línguas representadas em bom número. A simples consequência disso é que, se fosse aplicada a política de ensino nas línguas maternas, essas escolas teriam que contratar mais de cinco professores para cada classe. (Isso levando-se em conta a mistura étnica que havia em Gana em 1956. Hoje a situação seria ainda mais difícil — a não ser que Gana reinventasse os bantustões e mandasse cada criança de volta para sua terra natal!)

Parece, então, que o culpado pelas dificuldades linguísticas da África não é o imperialismo, como Ngũgĩ quer nos fazer crer, e sim o pluralismo linguístico dos modernos Estados africanos. Isso explica, sem dúvida, o estranho fato de que os países marxistas da África, com exceção da Etiópia, foram os que se mostraram mais prontos a adotar o idioma de seus ex-senhores coloniais — Angola, Moçambique, Guiné-Bissau e depois Burkina Faso, cujo ministro da Cultura disse certa vez, com um ligeiro tremor ao mencionar o fato, que a existência de sessenta grupos étnicos no país poderia significar sessenta nacionalidades diferentes.

Isso de modo algum encerra o argumento em favor do desenvolvimento dos idiomas africanos apoiado por escritores e governos. Mas não precisamos falsificar nossa história nesse processo; seria fazer o jogo da política. As palavras do escritor tcheco Milan Kundera devem ressoar em nossos ouvidos: aqueles que buscam o poder apaixonadamente não o fazem para mudar o presente nem o futuro, e sim o passado; o que eles desejam é reescrever a história.

Não há motivo algum para que os escritores engrossem as fileiras dos que assim fazem.

*1989*

# A literatura africana como restabelecimento da celebração

Muitos anos atrás, fiz parte de um grupo de dez ou doze convidados estrangeiros para um simpósio organizado pelo Conselho das Artes da Irlanda para comemorar um milênio da Cidade de Dublin. O tema geral do evento era "A literatura como celebração". Alguns colegas meus, como bem me lembro, pareciam ter dificuldades com essa proposta. Eu, de minha parte, achei-a quase perfeita para meu uso; ela expressava, de forma simples, uma verdade sobre a arte que ressoava bem com a minha herança tradicional e, ao mesmo tempo, satisfazia meu gosto pessoal pelo assunto. O breve artigo que apresentei naquela ocasião foi o germe destas reflexões sobre a literatura africana, um conjunto de textos que durante nosso tempo de vida acrescentou uma importante dimensão à literatura mundial.

Mas, antes de abordar esse novo fenômeno literário, gostaria de repetir uma ressalva que fiz em Dublin. Na manhã da minha apresentação, o jornal *The Irish Times* publicou com destaque uma reportagem em que um colunista muito amável se referia a mim como "o homem que inventou a literatura africana". Assim, aproveitei a oportunidade de falar que me foi oferecida no simpósio para negar essa definição, que é bem-intencionada, porém blasfema. E antes que alguém ache que essa negação se deveu à modéstia, devo declarar de imediato que não sou, na verdade, muito modesto (fato que provavelmente vai transparecer em breve). Não; a negativa foi minha instintiva reverência a um tabu artístico do meu povo — a proibição, sob pena de ser aniquilado rapidamente pelos deuses, de se apossar de qualquer item, por menor que seja, do empreendimento comunitário de criatividade que meu povo, os igbo da Nigéria, realizava de tempos e tempos, e que chamava de *mbari*. O *mbari* era uma celebração, através da arte, do mundo e da vida nele vivida. Era realizado pela comunidade sob o comando da divindade que a presidia, em geral a deusa da terra Ala ou Ana. A deusa Ala combinava dois formidáveis papéis no panteão igbo, como fonte de criatividade no mundo e guardiã da ordem moral da sociedade humana. Um ato abominável é chamado de *nso-ana*, "tabu para a Terra".

De tanto em tanto tempo, a critério exclusivamente seu, essa deusa instruía a comunidade, através da adivinhação, a construir uma casa de imagens em sua honra. O adivinho percorria a aldeia batendo nas portas dos escolhidos por Ana para esse trabalho. Os escolhidos eram então abençoados e separados do resto da comunidade, em um ritual muito semelhante ao de sua própria morte e enterro. Depois disso, entravam na floresta e, por trás de uma cerca alta, sob orientação e supervisão de mestres artistas e artesãos, eles construíam um templo das artes.

A arquitetura do templo era simples: uma espécie de palco formado por três paredes altas sustentando um telhado em ponta; mas em vez de um piso plano, havia uma escada que ia de uma parede lateral a outra, e na parede traseira subia quase até o teto. Esse auditório era, então, cheio até as bordas com esculturas moldadas de barro e argila; as paredes eram pintadas com murais de várias cores — branco, preto, amarelo e verde. As esculturas ficavam dispostas nos degraus, em posições adequadas. No centro da primeira fila, ficava a própria deusa da Terra, com uma criança no joelho esquerdo e uma espada em riste na mão direita. Ela é mãe e é juíza.

À direita e à esquerda dela, outras divindades tomavam lugar. Havia figuras humanas e também de animais (talvez um leopardo arrastando a carcaça de uma cabra); figuras do folclore, da história ou da pura fantasia; cenas da floresta, cenas da aldeia e da vida doméstica; acontecimentos cotidianos, escândalos incomuns; peças tradicionais de *mbaris* do passado; novas imagens faziam ali sua estreia — tudo muito apinhado, disputando espaço nessa extraordinária convocação do reino da imaginação e da experiência humana.

Quando tudo ficava pronto, depois de meses, ou às vezes anos de preparação, os artesãos do *mbari*, que vinham trabalhando em completo isolamento, mandavam um recado para a comunidade. Escolhia-se um dia para a inauguração e a comemoração do trabalho, com música, dança e festa em frente à casa do *mbari*.

Usei as palavras "palco" e "auditório" para descrever a casa do *mbari*; permitam-me explicar. De fato, as duas paredes laterais e a parede traseira delimitavam uma espécie de palco, que abrigava pinturas e esculturas, tais como atores que, depois de longos ensaios, estão prontos para realizar uma nova celebração da arte, uma apresentação sob o comando da deusa da Terra para os moradores reunidos. Mas creio que o evento convida a uma segunda forma de percepção, em que os papéis de palco e plateia se invertem: aqueles silenciosos e imóveis dignitários feitos de barro, sentados nos degraus assim como as pinturas nas paredes do majestoso pavilhão tornavam-se espectadores, e o mundo lá embaixo, um animado palco.

O problema que alguns de meus colegas tiveram em Dublin

pode ter surgido, talvez, de uma compreensão demasiado estreita da palavra "celebração". O *mbari* amplia a visão, abre outros significados para além da mera recordação de bênçãos e acontecimentos felizes; ele se propõe a incluir outras experiências — na verdade, todos os encontros significativos que o homem tem em sua jornada pela vida, especialmente os encontros novos, inusitados e, assim, com potencial de ameaça.

Por exemplo, quando a Europa fez sua aparição na sociedade igbo, passando dos relatos de viajantes para a forma concreta e alarmante de uma autoridade dominadora, o administrador distrital, os artistas do *mbari* logo lhe deram lugar em meio às figuras de argila, com seu capacete pontudo e seu cachimbo. Às vezes até abriam espaço para seu "cavalo de ferro", a bicicleta, e seu ordenança nativo. Para a mentalidade igbo, a arte deve prover, entre outras coisas, um meio de domesticar aquilo que é selvagem; deve agir como o para-raios que detém a potência elétrica destrutiva e a canaliza para a terra em uma forma inofensiva. Os igbo insistem que qualquer presença que seja ignorada, denegrida, não reconhecida e não celebrada pode se tornar um foco de ansiedade e perturbação. Para eles, celebrar é reconhecer uma presença, não é lhe dar as boas-vindas. É a cortesia de dar a cada um o que lhe é devido.

Assim sendo, a celebração do *mbari* não era a adoração cega de um mundo perfeito, nem mesmo de um mundo bom. Era o reconhecimento do mundo tal como esses habitantes o percebiam na realidade, em seus sonhos e em sua imaginação. Aquele homem branco, o administrador distrital, não era, obviamente, motivo para rir ou dançar. Mas nisso ele não estava sozinho. Considere esta outra presença inquietante: um homem com o corpo todo coberto, da cabeça aos pés, por marcas de varíola — uma doença tão temida que era divinizada e mencionada apenas em voz baixa e num tom reverente de apaziguamento; era chamada de "Decoradora" das suas vítimas, não de matadora. E o que dizer da mulher retratada copulando com um cachorro? Será que havia muita diferença, em termos de coisas estranhas, entre ela e o homem branco?

Ofereço o *mbari* como ilustração da minha herança pré-colonial — a arte como celebração da minha realidade; a arte em sua dimensão social; o potencial criativo de todos nós; e a necessidade de exercer continuamente essa energia latente na expressão artística e nos empreendimentos coletivos e cooperativos.

Chego agora ao ponto que decidi chamar de "Passagem do Meio", minha herança colonial. Chamar minha experiência colonial de "herança" pode surpreender alguns. Mas tudo é matéria-prima para o artista, tudo é grão para seu moinho. É verdade que um grão pode diferir do outro em seu valor nutritivo; mesmo assim precisamos, à maneira desses incomparáveis artistas do *mbari*, dar o devido reconhecimento a cada grão que nos chega.

Não é minha intenção, porém, fazer uma avaliação pormenorizada da experiência colonial, mas apenas perguntar que possibilidades, que incentivos pode haver nesse episódio da nossa história para celebrarmos nosso próprio mundo, para cantarmos nossa própria canção dentro do mundo e da canção dos outros, tão insistentes e estridentes.

A colonização pode ser, realmente, um assunto muito complexo, mas uma coisa é certa: ninguém vai entrar, se apossar da terra, da pessoa e da história do outro, e depois sentar-se e compor hinos de louvor em honra desse outro. Fazer isso seria chamar a si próprio de bandido e assaltante, e ninguém deseja isso. Sendo assim, o que fazer? Você constrói desculpas elaboradas para seus atos. Você diz, por exemplo, que o homem cujas posses você roubou é inútil e totalmente incapaz de administrar sua própria vida e seus negócios. Se você está levando embora do território dele coisas valiosas como ouro ou diamantes, você prova que ele não as "possui", no sentido exato da palavra — simplesmente aconteceu que esse homem e esses bens estavam no mesmo lugar quando você chegou. E, por fim, se o pior acontecer, você pode até estar pronto para questionar se alguém como ele pode ser, como você, plenamente humano. São apenas poucos passos desde negar a presença de um homem postado à sua frente até questionar se ele é realmente humano. Assim, o programa do colonizador não previa, nem poderia prever, a celebração do mundo do colonizado; nem sequer a celebração reservada e problemática concedida pela África à presença do homem branco na arte do *mbari*. Já usei a palavra "presença" algumas vezes. Agora quero sugerir que, na situação colonial, a "presença" era a questão crítica, a palavra crucial. Sua negação foi a tônica da ideologia colonialista. *Pergunta*: Havia pessoas por lá? *Resposta*: Bem... Na verdade, não... Sabe como é, uma espécie de gente, talvez; mas não no sentido que a palavra "pessoa" tem para nós.

Desde o período do tráfico negreiro, passando por toda a época colonial até os dias de hoje, no catálogo de tudo que já se disse que a África e os africanos não têm, ou não são, há uma extensa lista. Em dado momento, homens da igreja tiveram dúvidas até sobre a própria alma. Será que o negro tem alma? Papas e teólogos debateram essa questão por algum tempo. Atributos menores, tais como cultura e religião, foram debatidos extensamente por outros e, de modo geral, descartados no que se referia à África. Parecia inimaginável haver uma história africana, exceto, talvez, em alguns lugares marginais como a Etiópia, onde Gibbon nos fala de um pequeno surto de atividade, seguido, a partir do século VII, por um período de mil anos em que a Etiópia caiu em um sono profundo — "esquecida do mundo, pelo qual também foi esquecida", para usar sua famosa frase.

Para Hugh Trevor-Roper, professor régio de história em Oxford na nossa época, nenhum clarão de luz, ainda que breve, jamais iluminou os céus escuros do Continente Negro. A generosidade para com a África não aumentou desde a época de Gibbon; pelo contrário, parece ter diminuído. E se mudarmos nosso foco da história para a literatura, encontraremos o mesmo endurecimento de atitudes.

Em *A tempestade*, Caliban não é especificamente africano, mas um súdito colonial por excelência, criado pelo gênio de Shakespeare bem no início da era da expansão europeia. Para começar, Caliban não sabia seu próprio significado, mas "balbuciava como uma coisa extremamente bruta". No entanto, Shakespeare restaura sua humanidade de muitas pequenas maneiras, especialmente lhe concedendo a fala, que se transforma em poesia de alto nível antes do fim da peça. Um contraste com *o Coração das trevas*, de Joseph Conrad, trezentos anos depois. Seus Calibans só falam com "um violento balbuciar de sons grosseiros", e assim continuam fazendo até o fim do romance. A generosidade não prosperou.

Assim, essas criaturas africanas não têm alma, não têm religião nem cultura, nem história, nem fala humana, nem Q. I. É de admirar, então, que devam ser subjugadas por aqueles dotados desses dons humanos?

Um personagem do famoso romance colonial *Preste João*, de John Buchan, tem o seguinte a dizer:

> Percebi então o que significa o dever do homem branco. Ele tem que assumir todos os riscos. [...] Essa é a diferença entre o branco e o negro — o dom da responsabilidade, o poder de ser, de certa maneira, um rei, e enquanto nós soubermos disso e o praticarmos, dominaremos não só na África, mas onde quer que haja homens de pele escura que vivem exclusivamente para encher a barriga.[1]

John Buchan, por sinal, foi um administrador colonial com um cargo muito elevado, e também romancista. Suspeitamos que ele conhecesse bem seu terreno. Assim, vamos acrescentar à nossa longa lista de ausências este último item — a ausência da responsabilidade. Se traçarmos uma linha embaixo dessa lista e somarmos todas as ausências da África, nosso total seria igual a uma grande ausência da Mente Humana e do Espírito Humano.

Não estou bem certo se todos os que estiveram em campo e relataram essas ausências acreditavam genuinamente em seus relatos, ou se tudo isso era uma espécie de faz de conta, o tipo de álibi desesperado que poderíamos esperar de um homem de consciência indiciado por um crime grave. É significativo, por exemplo, que o momento em que homens de Igreja começaram a duvidar da existência da alma no negro foi o mesmo momento em que o corpo do negro alcançava altos preços no mercado, para lucro de seus paroquianos e primos mercantilistas.

Mas também é possível que esses informantes acreditassem de fato em suas próprias histórias, tal era a complexa psicologia da vocação imperial. A imagem da África e dos africanos que eles levavam na mente não surgiu lá por acidente, mas foi plantada e regada por um cuidadoso método de cultivo social, mental e educacional. Em um importante estudo desse fenômeno, Philip Curtin nos conta que a imagem da África que começou a surgir na Europa na década de 1870

> se encontrava em livros infantis, nos folhetos da escola dominical, na imprensa popular. Suas principais afirmações eram "consenso" entre as classes instruídas. Dali em diante, quando novas gerações de exploradores e administradores iam à África, já chegavam com uma impressão prévia do que iriam encontrar. E em geral encontravam.[2]

Ou tomemos o famoso romance de Conrad, *Coração das trevas*. Publicado pela primeira vez em 1899, retrata a África como um lugar onde o europeu errante pode descobrir que os impulsos obscuros e os desejos inconfessáveis que ele reprimiu e esqueceu ao longo de séculos de civilização podem ressurgir e ganhar vida no ambiente africano de uma livre e exultante selvageria. Em uma passagem marcante, Conrad revela um aspecto muito interessante da questão da presença. É a cena em que um navio de guerra francês está lançando projéteis contra a terra. A intenção de Conrad, arrogante como de costume, é mostrar a futilidade da ação europeia na África:

> Espoucava um dos canhões de seis polegadas; uma pequena chama saltava e desaparecia, um pequenino projétil soltava um ruído fraco — e nada acontecia. Nada poderia acontecer. Havia um toque de insanidade nisso tudo.[3]

Sobre sanidade não posso falar. Mas futilidade, céus, não! Com esse ato aparentemente insano de bombardear a selva, a França acabou adquirindo um império na África Ocidental e Equatorial, um território nove ou dez vezes maior que o seu. Então, quer houvesse loucura no método, quer método na loucura, o certo é que ali havia lucro.

Nesse episódio, Conrad deu vazão a um conceito peculiar e muito popular: que a devastação da África infligida pela Europa não deixou marcas na vítima. Presume-se que a África prosseguiu em seu destino, em seus escuros e misteriosos caminhos, praticamente intocada pelas explorações e expedições europeias. Mas, para aprofundar o mistério, a África por vezes assume uma *persona* antropomórfica, ela sai das sombras e aniquila fisicamente a invasão — o que, é natural, acrescenta um toque de suspense e até mesmo de tragédia aos esforços da Europa. Uma das melhores imagens em *Coração das trevas* é a de um barco subindo o rio enquanto a floresta se fecha sobre a água para barrar seu caminho de volta. Note-se, porém, que aí quem está em ação é a floresta africana: os africanos propriamente ditos estão ausentes.

É instrutivo comparar o episódio de Conrad da canhoneira francesa com o relato de um incidente semelhante em *Ambiguous Adventure* [Aventura ambígua], poderoso romance da colonização do escritor muçulmano Cheikh Hamidou Kane, do Senegal, país da África Ocidental colonizado pelos franceses. Conrad, como vimos, insiste na futilidade do bombardeio, mas também sugere a *ausência* de uma resposta humana a ela. Cheikh Hamidou Kane, situado, por assim dizer, na extremidade explosiva da trajetória, conta uma história bem diferente. As palavras são de um de seus principais personagens, a Real Senhora, membro da aristocracia diallobe:

> Cem anos atrás nosso avô, junto com todos os habitantes deste local, foi despertado certa manhã por um tumulto que vinha do rio. Pegou sua arma e, seguido por toda a elite da região, atirou-se sobre os recém-chegados. Seu coração era intrépido, e para ele a liberdade tinha mais valor que a própria vida. Nosso avô, e a elite do país com ele, foi derrotado. Por quê? Como? Só os recém-chegados sabem. Temos que perguntar a eles: precisamos aprender com eles a arte de conquistar sem estar com a razão.[4]

Conrad retrata um vazio; Hamidou Kane celebra uma presença humana e uma luta heroica, embora condenada ao fracasso.

A diferença entre as duas histórias é muito clara. Pode-se dizer que *essa* diferença é exatamente o motivo do surgimento do escritor africano. Sua história tinha sido contada em nome dele, e ele julgou a narrativa muito insatisfatória.

Frequentei uma escola que seguia o modelo das escolas públicas britânicas. Nela eu li muitos livros ingleses: *A ilha do tesouro, Viagens de Gulliver, O prisioneiro de Zenda, Oliver Twist, Os dias de escola de Tom Brown* e outros do gênero, às dúzias. Mas também encontrei Rider Haggard, John Buchan e os demais, e seus livros "africanos". A África era um enigma para mim. Eu não me via como africano naqueles livros. Eu me colocava do lado dos brancos contra os selvagens. Em outras palavras, atravessei meu primeiro nível de escolaridade pensando que era do partido do homem branco, em suas aventuras e escapadas de arrepiar os cabelos. O homem branco era bom e razoável, inteligente e corajoso. Os selvagens que o combatiam eram sinistros e estúpidos, no máximo astuciosos. Eu os odiava profundamente.

Mas chegou a hora em que alcancei a idade apropriada e percebi que esses escritores tinham me enganado direitinho! Eu não estava no barco de Marlowe subindo o rio Congo em *Coração das trevas*; não, eu era um desses seres nada atraentes pulando e saltando na beira do rio, fazendo caretas horríveis. Ou, se eu insistisse em fazer a viagem de barco, teria que me resignar, talvez, em ser aquele "espécime aperfeiçoado", como Conrad o chama sarcasticamente — mais absurdo, diz ele, do que um cão de calças tentando entender a feitiçaria oculta no medidor de água do barco. O dia em que percebi isso foi o dia em que eu disse não; o dia em que percebi que as histórias nem sempre são inocentes, que elas podem ser usadas para colocar você no grupo errado, ao lado do homem que chegou para arrancar de você todas as suas posses.

E, falando em desapropriação, o que dizer da própria língua? Será que escrever na língua do meu colonizador não equivale a consentir a suprema espoliação? Essa é uma questão grande e complexa que já discuti em outro texto e não desejo abordar aqui com detalhes; mas tampouco desejo fugir dela por completo. Permitam-me dizer apenas que, com treze anos, quando entrei nessa escola que seguia o molde das escolas públicas britânicas, não foi só a literatura inglesa que encontrei ali. Também entrei em contato, pela primeira vez na vida, com um grande número de meninos da minha idade que não falavam minha língua, o igbo. E eles não eram estrangeiros, mas outros jovens nigerianos.

Residíamos nos mesmos alojamentos, assistíamos às mesmas assembleias e aulas da manhã, e no fim da tarde nos reuníamos nas mesmas quadras esportivas. E para conseguir fazer tudo isso, tínhamos que deixar de lado nossas diversas línguas maternas e nos comunicar na língua dos nossos colonizadores. Esse paradoxo não foi peculiar à Nigéria. Foi o que aconteceu em todas as colônias onde os ingleses conglomeraram diversos povos sob uma única administração.

Alguns colegas meus, achando que também isso era constrangedor, tentaram reescrever sua história como se se tratasse de um caso puro e simples de opressão, apresentando uma infância africana feliz e monolíngue bruscamente interrompida pela imposição de uma língua estrangeira dominante. Essa fantasia histórica exige, então, que joguemos fora o idioma inglês a fim de restabelecer a justiça linguística e o respeito por nós mesmos.

Minha opinião é que qualquer um que se sinta incapaz de escrever em inglês deve, naturalmente, seguir seu desejo. Mas não devemos tomar liberdades com nossa história. Simplesmente não é verdade que os ingleses nos forçaram a aprender a língua deles. Pelo contrário; a política colonial britânica na África e em outras partes do mundo em geral enfatizava sua preferência pelas línguas nativas. Já vimos resquícios dessa preferência na política dos bantustões na África do Sul. A verdade é que optamos pelo inglês não porque os britânicos assim desejaram, mas porque, tendo aceitado tacitamente as novas nacionalidades impostas sobre nós pelo colonialismo, necessitávamos do seu idioma para fazer nossos negócios — inclusive para derrubar o próprio colonialismo, quando chegasse a hora.

Bem, isso não significa que nossas línguas nativas devam ser abandonadas. Significa que as línguas que coexistem e interagem com a língua recém-chegada vão fazer isso cada vez mais agora e num futuro previsível. Para mim, não se trata de escolher entre o inglês *ou* o igbo; trata-se de *ambos*. Em 1967, quando Christopher Okigbo, nosso mais refinado poeta, tombou no campo de batalha em Biafra, compus em sua homenagem um dos meus melhores poemas, no idioma igbo, sob a forma de um canto fúnebre tradicional, entoado pelos jovens quando morre alguém da sua faixa etária. Anos depois, escrevi outro tipo de poema, em inglês, para honrar a morte do poeta e presidente angolano Agostinho Neto. A capacidade de fazer as duas coisas é, na minha opinião, uma grande vantagem e não um desastre, como alguns amigos meus insistem em dizer.

É inevitável, creio eu, ver o surgimento da literatura africana moderna como um retorno da celebração. É tentador dizer que essa literatura surgiu para recolocar as pessoas de volta na África. Mas isso seria errado, porque as pessoas nunca deixaram a África — exceto, talvez, no desejo e na imaginação dos antagonistas da África.

Devo agora enfatizar meu argumento inicial. A celebração não significa louvor nem aprovação. É claro que o louvor e a aprovação podem fazer parte dela; mas são apenas uma parte. Quem quer que esteja familiarizado com os textos africanos contemporâneos sabe como é firme nossa posição nesse ponto; não somos bajuladores do Imperador. Alguns anos atrás, em uma reunião internacional de escritores na Suécia, um escritor e jornalista sueco nos disse — eu fazia parte de um pequeno grupo de africanos presentes: "Vocês têm sorte: seus governos botam vocês na prisão. Aqui na Suécia podemos escrever seja lá o que for que ninguém presta a menor atenção". Nós lhe pedimos muitas desculpas pelo seu infortúnio e pela nossa imerecida sorte!

A atual batalha entre o Imperador e o Poeta na África também não é um fenômeno moderno. Nossos poetas ancestrais, os *griots*, tinham sua maneira de lidar com o problema, às vezes de maneira direta, às vezes de maneira torta.

Termino contando a vocês minha adaptação de uma historieta do povo hausa, da Nigéria: uma obra-prima em miniatura, que é como uma espada de dois gumes.

Certa vez a Cobra andava em seu cavalo, toda enrodilhada na sela, como era seu costume. Quando passou pelo Sapo, que estava andando pela estrada, este disse:

"Desculpe-me, senhora, mas não é assim que se monta a cavalo."

"Ah, não?", disse a Cobra. "Você pode me mostrar, então, como se faz?"

"Com prazer", disse o Sapo.

A Cobra deslizou pela sela, descendo pelo flanco do cavalo até o chão. O Sapo saltou para a sela, sentou-se bem ereto e partiu pela estrada num elegante galope, para lá e para cá. "É assim que se monta a cavalo", disse ele.

"Muito bem", disse a Cobra. "Muito bom mesmo. Agora desça, por favor."

O Sapo desceu de um salto, a Cobra subiu, deslizando, pelo flanco do cavalo, voltou à sela e se enrodilhou como antes. Em seguida, abaixando a cabeça e olhando para o Sapo lá embaixo na beira da estrada, disse: "Saber é muito bom, mas ter é melhor. De que adianta ser um exímio cavaleiro, para quem não tem cavalo?". E partiu.

Qualquer um pode ver nesse simples conto como se pode usar uma história para reforçar o *status quo* em uma sociedade de classes. A Cobra é uma aristocrata que possui bens, tais como um cavalo, apenas por ser quem ela é, e não porque sabe montar bem. O Sapo é um plebeu, cuja habilidade equestre, adquirida, sem dúvida, em anos de esforço e prática, não lhe dá o direito de andar a cavalo nessa sociedade hierárquica. Os hausa, que criaram essa história, são um povo monárquico, e o espírito da história casa bem com os valores dominantes em seu sistema político. Dá para imaginar o emir e sua corte dando gargalhadas ao ouvir alguém contá-la.

Mas fica bem claro que o *griot* dos tempos antigos que criou essa obra de literatura oral, ciente ou não disso, escondeu nas volumosas dobras das gargalhadas uma farpa de ferro e uma centelha do brilho do ferro. No seu devido tempo, essa mesma história vai revelar um propósito revolucionário, usando o que sempre esteve ali presente — uma aristocracia sem atrativos, incompetente e complacente — e tratar de expor essa aristocracia não ao riso permissivo, mas sim à severa crítica.

A nova literatura africana, assim como a velha, está ciente das possibilidades de que dispõe para celebrar a humanidade no nosso continente. Também está ciente de que nosso mundo contemporâneo interage cada vez mais estreitamente com os diversos mundos dos outros. Pois, como outro personagem de *Aventura ambígua* diz a um francês:

> Não tivemos o mesmo passado, nós e vocês, mas teremos, rigorosamente, o mesmo futuro. A era dos destinos separados se acabou.[5]

Se o encontro das histórias separadas terá lugar em um grande e harmonioso espaço ou se será eivada de amargura e hostilidade, tudo vai depender de aprendermos a reconhecer a presença um do outro e de estarmos prontos para conceder respeito humano a todos os povos.

*1990*

# *O mundo se despedaça* como material de ensino

Vejo uma série de razões pelas quais eu deveria ser convidado a contribuir com os textos sobre como utilizar *O mundo se despedaça* no ensino. A primeira e mais óbvia, claro, é que sou eu o autor do livro. Considerando que é uma razão óbvia, até não é das piores. Conheço esse livro, se não mais intimamente, com certeza há muito mais tempo do que qualquer um. Quando as pessoas vêm me perguntar sobre ele, me fazem lembrar os jornalistas que vão desentocar a mãe de algum rapaz que subitamente ganhou fama ou infâmia.

Uma segunda razão pode ser que lecionei literatura em universidades africanas e americanas por muitos anos, e devo ter aprendido uma ou duas coisas que eu poderia transmitir. Também é uma boa razão. Mas pode haver até uma terceira razão, e essa é problemática: é que certa vez dei uma palestra em um congresso em Leeds, na Inglaterra, que chamei, um tanto tolamente, de "O romancista como professor"; desde então, qualquer coisa referente a uma sala de aula acaba me sendo enviada! E eu sempre resmungando: "Não foi isso que eu quis dizer, nada disso!". Mas não surte efeito algum.

Pense um instante naquela mãe do rapaz que de repente é notícia; sua atitude para com os jornalistas deveria ser, se ela for bem *durona*: "Quando eu o dei à luz, já cumpri todas as minhas obrigações com vocês. Agora vão embora!". O povo igbo expressa isso de forma mais educada em um belo provérbio colocado na boca da Mãe Macaca. Diz ela: "Posso falar pelo pequenino dentro da minha barriga; mas pelo pequenino montado nas minhas costas, pergunte a ele". Há mais uma complicação. Justamente por ter escrito *O mundo se despedaça*, nunca dei uma aula sobre ele. Embora não me sentisse em desvantagem para isso, agora percebo que não posso trazer para este ensaio a experiência real, concreta, de sala de aula, como eu poderia fazer se o livro em questão fosse, digamos, *The Palm-Wine Drinkard*, de Amos Tutuola, ou *July's People*, de Nadine Gordimer. Mas minha desvantagem não me deixa, espero, totalmente incapacitado. Pois tenho outros tipos de experiência, reunida através de anos dos mais diversos encontros com leitores e críticos, estudantes e professores. Até já tentei, em ocasiões como palestras públicas, refletir sobre algumas opiniões expressas nesses encontros. As cartas são, naturalmente, muito especiais a meu ver, pois quando um leitor se comoveu (ou mesmo se perturbou) com algum livro a ponto de sentar-se e escrever uma carta ao autor, algo muito forte aconteceu. *O mundo se despedaça* me trouxe um grande volume de cartas desse tipo, vindas de pessoas de diversas idades e origens, e de todos os continentes.

As cartas em geral vêm uma a uma e a longos intervalos. Mas certa vez recebi um volumoso envelope marrom com mais de trinta cartas — era toda uma turma de inglês avançado de uma faculdade para moças na Coreia do Sul! Elas tinham acabado de ler *O mundo se despedaça* e se mobilizaram a ponto de me escrever individualmente. Eu sabia que o livro vinha fazendo notáveis incursões no Oriente nos últimos anos, mas não estava preparado para uma resposta tão copiosa como as cartas da Coreia. Espero que me perdoem se eu organizar minhas ideias atuais em torno de algumas questões levantadas nessas cartas. Mas permitam-me fazer uma observação geral, que é básica e essencial para que os americanos possam apreciar as questões africanas. Os africanos são gente, da mesma forma que os americanos, europeus, asiáticos etc. são gente. Os africanos não são seres estranhos com nomes impronunciáveis e uma mente impenetrável. Embora a ação de *O mundo se despedaça* se passe em um cenário que não seria familiar para a maioria dos americanos, os personagens são pessoas normais e o que ocorre com eles são ocorrências humanas reais. A necessidade de dizer algo tão óbvio faz parte do fardo que nos foi imposto pela costumeira difamação da África no imaginário popular do Ocidente. Desconfio que em qualquer classe de trinta alunos americanos que leiam *O mundo se despedaça* pode haver um punhado que vê as coisas da mesma forma que um certo jovem de Yonkers, estado de Nova York, que há alguns anos escreveu para me agradecer por eu lhe dar um relato dos costumes e das superstições de uma tribo africana! Seria uma agradável tarefa para um professor ou professora encontrar uma postura dessa pela frente, investir um pouco de tempo a fim de mostrar à classe alguns curiosos costumes e superstições predominantes na América.

Felizmente, nem todos nessa sala de aula seriam como esse etnocentrista casca-grossa. Na verdade, espero que haja pelo menos uma pessoa na sala que não lembre esse rapaz de Yonkers ou, pior, outro jovem que se aproximou de mim na Universidade de Massachusetts depois de ler *O mundo se despedaça* em algum curso e saber que eu estava no campus. Tinha um olhar muito intenso, e tudo o que quis me dizer foi: "Esse Okonkwo é igual ao meu pai". E era um rapaz branco.

Agora, o mais extraordinário é, anos depois, eu ter ouvido outra vez o mesmo testemunho, só que, então, de um eminente negro americano — ninguém menos que James Baldwin. Foi ao responder uma pergunta que lhe foi feita na Conferência da Associação pela Literatura Africana em Gainsville, Flórida, em 1980:

Quando li *O mundo se despedaça* em Paris [...] sobre a tribo dos igbo, da Nigéria [...] uma tribo que nunca vi; um sistema, por assim dizer, ou uma sociedade cujas regras eram um mistério para mim [...] reconheci todos que viviam ali. Esse livro era sobre meu pai. [...] Como ele superou tudo aquilo, não sei; mas ele superou.[1]

Ninguém pode sugerir que todos os leitores, ou mesmo muitos leitores, de *O mundo se despedaça* venham a expressar esse tipo de reconhecimento. Isso faria de Okonkwo um Homem Comum, coisa que ele certamente não é; ele nem mesmo é um Homem Comum Igbo. Mas, apesar de sérias diferenças culturais, é possível que os leitores do Ocidente se identifiquem, e de modo até profundo, com personagens e situações de um romance africano.

As jovens coreanas reagiram a um amplo leque de temas do livro, mas posso abordar apenas algumas questões essenciais, representativas das respostas que me chegaram de outras pessoas ao longo dos anos. Mas havia também algo que ouvi pela primeira vez — que os coreanos podem traçar um paralelo entre a colonização do povo igbo pelos ingleses no século XIX e a colonização de seu país pelo Japão no século XX. Devo dizer que a amargura que senti em várias dessas cartas sobre a colonização era mais profunda do que qualquer coisa encontrada na África de hoje. E creio que, para essas jovens, isso abriu a porta para o sofrimento mental de Okonkwo e trouxe para perto delas uma tragédia acontecida num lugar tão distante, há tanto tempo. E vindo dessa comunidade da dor compartilhada, algumas delas queriam saber de mim por que eu deixei Okonkwo fracassar, de acordo com suas próprias palavras.

Esta questão, de uma forma ou de outra, me tem sido feita repetidas vezes por um certo tipo de leitor: Por que o senhor permitiu que uma causa justa tropeçasse e caísse? A melhor resposta que posso dar é dizer que isso está na natureza das coisas. O que me leva direto para a emboscada cuidadosamente preparada pelo doutrinário: "Bem, nós sabíamos que o senhor ia dizer isso. Mas para nós não basta que nossa arte apenas relate como é a natureza das coisas; ela deve procurar mudá-la".

Concordo, claro, que a boa arte muda as coisas. Mas ela não faz isso com a mesma equivalência linear, descomplicada, da *magia por simpatia* — a que manda o praticante vasculhar a floresta em busca de folhas manchadas para curar um paciente que está cheio de manchas. Isso não é medicina, mas charlatanismo.

As boas causas podem fracassar, e fracassam, mesmo quando as pessoas que as defendem e as encabeçam não têm, em si mesmas, alguma falha grave.

Esse é, naturalmente, o material para a tragédia na literatura, com seus muitos caminhos intrincados para nos afetar, os quais não posso aprofundar aqui. Mas quero sugerir que os conceitos de sucesso e fracasso, tal como costumam ser usados nesse contexto, são inadequados. Será que Okonkwo fracassou? Em certo sentido, é óbvio que sim. Mas ele também deixou para trás uma história tão forte que aqueles que a escutam, até mesmo na distante Coreia, desejam ardentemente que as coisas tivessem corrido de maneira diferente com ele. Mais de uma estudante coreana me confrontou sobre a maneira como ele morreu. Esse também é um assunto que já surgiu em discussões e críticas. Não sei o que a cultura tradicional coreana ensina sobre o suicídio. A cultura ocidental, como sabemos, o considera uma espécie de covardia moral, ou simplesmente "cair fora", e assim banaliza o ato como algo restrito ao indivíduo e seus problemas. No mundo de Okonkwo, é um problema monumental entre um indivíduo, de um lado, e, de outro, a sociedade e todas as suas divindades, incluindo deuses titulares e ancestrais — na verdade, todo o cosmos. Um suicida se coloca para além de qualquer limite concebível. Okonkwo é um homem precipitado, e não deve ter refletido bem sobre o ditado igbo que diz que o pensamento que leva um homem a se matar não pode ter apenas uma noite de idade. Os acontecimentos o foram instando a romper totalmente com seu mundo.

Por fim, quando esse mundo desmorona sob um ataque, de maneira tão miserável e vergonhosa, Okonkwo, que nunca aprendeu a conviver com o fracasso, se separa dele com um último desafio escatológico.

Ainda sobre o tema das últimas coisas, posso mencionar, para concluir, a questão das últimas palavras do romance — que, se bem me lembro, já confundiram os críticos em consideráveis discussões. O ilustre estudioso e professor Jules Chametzky abre seu livro *Our Decentralized Literature* [Nossa literatura descentralizada] com uma discussão sobre esse aspecto do romance. Já que seu argumento concorda inteiramente com o que eu poderia chamar de intenção narrativa do final da história, vou economizar minhas palavras e citar um trecho bastante longo de Chametzky:

> No último parágrafo de *O mundo se despedaça*, de Chinua Achebe — talvez o mais memorável relato em inglês sobre uma cultura africana e o impacto que teve sobre ela a invasão dos brancos europeus —, a voz e a linguagem do livro muda abruptamente, de maneira surpreendente.
>
> [...] Quem quer que tenha lido ou ensinado esse romance pode testemunhar o acintoso reducionismo de seu último parágrafo, e em especial da última frase. É de gelar o sangue, mas ao fim e ao cabo ela cumpre o esforço esclarecedor do livro todo. Obviamente, nos obriga a enfrentar o aspecto "Rashomon" da experiên-

cia — ou seja, que as coisas parecem diferentes para diferentes observadores e que a própria percepção do indivíduo é moldada pelo contexto social e cultural em que ele atua.[2]

Isso resume bastante bem a missão de *O mundo se despedaça* — se é que se pode dizer que um romance tem uma missão.

*1991*

# Martin Luther King e a África

Não tive a boa sorte de conhecer Martin Luther King, mas sua obra, seu pensamento e sua morte me deixaram a forte sensação de que esse homem pertencia à África em um sentido muito especial — um sentido que vai muito além do fato de que seus antepassados foram trazidos da África para a América, por mais importante que esse fato seja. Martin Luther King não teve escolha no seu envolvimento no tráfico transatlântico de escravos, mas ele fez a opção — e o fez de forma enfática — de abraçar a dor e o sofrimento do continente africano. Sua visão de que os Estados Unidos eram um país onde as estruturas do racismo deviam ser desafiadas e derrubadas pela pura força moral logo começou, na vida do dr. King, a incorporar os problemas da África e seu povo.

Na preparação para sua obra, o dr. King havia cultivado muitas amizades e relações pessoais com alunos africanos nos Estados Unidos. Em 1957, viajou à África com a mulher para comparecer às comemorações da independência de Gana, presidida por Kwame Nkrumah — o evento emblemático da jornada da África moderna rumo à liberdade política. O dr. King tinha apenas 28 anos na época. Em breve voltarei às muito pouco lembradas juventude e precocidade do dr. King. No momento, quero salientar seu desejo de estabelecer estreitos vínculos com líderes africanos de todas as partes do continente: Albert Luthuli na África do Sul, Ahmed Ben Bella no norte, Kwame Nkrumah a oeste, Tom Mboya a leste, Kenneth Kaunda no centro-sul, e assim por diante. A prioridade do dr. King eram os líderes progressistas em locais estratégicos. Em 1957, mesmo ano em que participou das comemorações da independência de Gana, o dr. King, junto com Eleanor Roosevelt e o bispo James Pike, esteve à testa de um documento assinado por 130 líderes mundiais, exortando a comunidade internacional a protestar contra o apartheid. Em 1962, encabeçou, com Albert Luthuli, o Apelo à ação contra o apartheid, um pedido, pioneiro na época, de imposição de sanções contra a África do Sul, cujo sistema político ele definiu como "uma segregação medieval organizada com a eficiência e a determinação do século xx; uma forma sofisticada da escravidão".

Por que Martin Luther King, ao se preparar para seu grandioso trabalho nos Estados Unidos, se comprometeu tanto, e logo de início, com o destino da África? Por que não demonstrou aquela ambivalência debilitante que tantos afro-americanos mostram com a África, nem sofreu aquele constrangimento que muitos de nós, tanto africanos como afro-americanos, sofremos na presença um do outro? Aquela alienação histórica que James Baldwin, na juventude, chamou de "problema africano", sugerindo aí uma amarga queixa e um ressentimento imemorável.

Trago James Baldwin para estas reflexões porque além de brilhante ele era de uma lucidez que não fazia concessões, com um raro dom de eloquência para definir nossa condição e dizer nosso verdadeiro nome. Mas até mesmo ele tinha esse "problema" com a África, e se sentia tão exasperado a respeito que certa vez, na juventude, lamentou o "fato" de seus antepassados africanos nada

134

mais terem feito do que ficar sentados à espera da chegada dos brancos traficantes de escravos!

Se esse retrato da história africana fosse próximo do que aconteceu, é evidente que a África teria de aceitar a responsabilidade por um crime inqualificável e antinatural, para o qual a palavra "problema" seria um generoso eufemismo. Mas estamos falando do tráfico transatlântico de escravos — esse terrível evento que o historiador britânico Basil Davidson chamou de "a maior e mais fatal migração — migração forçada — da história da humanidade", e que outros podem ir mais longe e chamar de o maior crime já cometido contra a humanidade na história mundial.

Há algum tempo, em um acalorado debate na TV sobre o multiculturalismo e conteúdos curriculares, um professor de história de uma prestigiada universidade americana, em uma abrupta mudança de foco, declarou que eram os próprios africanos que capturavam outros africanos no interior e os vendiam aos brancos no litoral. Ele não disse o que esses brancos estavam fazendo no litoral africano, a milhares de quilômetros de suas terras de origem. Quem sabe devemos acreditar que os brancos estavam passando férias nas praias ensolaradas da África! Devemos deixar de lado os contos de fadas e prosseguir em nossa busca pela verdade. E que ela não seja feita só por excelentes escolas e acadêmicos, pois eles podem ser muito decepcionantes. Basil Davidson reconhece francamente o problema. "Os registros são abundantes", escreve ele, "mas são, sobretudo, registros europeus, marcados indelevelmente pelos mitos e preconceitos que o próprio tráfico [de escravos] tanto fez para promover".[1]

Foi esse problema que legou ao mundo o consenso no qual todos nós fomos "educados": um cenário em que a vítima é acusada pelo crime — seja por sua inferioridade, antes apresentada para justificá-lo, ou por sua participação, agora alardeada como causa.

Felizmente, é raro que a verdade seja de todo perdida ou seja irrecuperável. Até mesmo nos arquivos europeus há registros aqui e ali que nos apontam direções mais esperançosas e racionais. Nos arquivos de Portugal, por exemplo, há apelos comoventes do rei de Congo a seu "real irmão", o rei de Portugal, para refrear os portugueses traficantes de escravos nesse reino africano. Através da longa noite dos séculos do tráfico de escravos, algumas vozes questionaram o consenso da época e iluminaram a escuridão com clarões esporádicos. Por exemplo, quando Thomas Jefferson, comparando negros e brancos, concluiu que os negros eram inferiores em tudo, exceto na memória, que a geometria euclidiana estava além de seus poderes de raciocínio, e que na imaginação eles eram "enfadonhos, insossos e anômalos", outro americano, um certo Imlay White, lhe disse, respeitosamente, que nada poderia ser

> mais duvidoso e falso do que avaliar e comparar o intelecto e o talento de dois tipos de homens: um deles escravo, degradado e acorrentado [...]; o outro livre, independente e com a vantagem de se apropriar da razão e da ciência que resultaram do estudo e do trabalho de filósofos e homens sensatos durante séculos de história.[2]

Esse diálogo desigual, que favorecia Jefferson pela fama e pela estima pública e Imlay White pela qualidade do argumento, demonstra, na minha opinião, a esperança e a atratividade da vida americana, sua obstinada promessa, nem sempre cumprida, mas sempre disposta a entrar de novo na briga, entre a razão e o cânone.

Duas décadas após o terrível comentário de Baldwin sobre seus antepassados africanos, por fim o conheci e estive com ele, em 1980, pela primeira e, infelizmente, última vez, na reunião anual da Associação da Literatura Africana, em Gainesville, na Flórida. Estava bem claro que ele viera à reunião para ver objetivamente a realidade sobre as atitudes convencionais para com seus antepassados e sua história. Em um diálogo público entre nós dois, ele me chamou de "um irmão que não vejo há quatrocentos anos" e acrescentou, emocionado: "Nunca houve a intenção de que nós dois nos encontrássemos".[3] Em outras palavras, havia um terceiro participante envolvido nesse relacionamento entre africanos e afro-americanos que o tempo tratou de azedar.

Martin Luther King não deve ter sofrido a angústia de Baldwin com sua ligação africana, ou então a superou logo e rápido. Ainda bem, pois, como todos nós sabemos agora, não lhe foi permitido viver muito tempo. Eu já tinha dito no início que muitas vezes nos esquecemos de como King morreu jovem. *Trinta e nove anos!* E não estamos falando de um atleta ou um boxeador, que atinge seu auge bem cedo na vida, e sim de um pensador/militante que tem que crescer, meditar sobre sua missão e amadurecer até entrar em ação. Com 39 anos Mahatma Gandhi ainda nem tinha voltado à Índia!

King aprendeu com Gandhi que os seres humanos têm o dever fundamental de respeitar a vida, mesmo em meio a uma luta justa, pois, caso esqueçam e suspendam essa obrigação e violem a vida alheia, vão baratear suas próprias vidas e sua própria essência humana. Mas essas reflexões poderiam muito bem ter chegado a Martin Luther King por meio do grandioso ditado bantu sobre o caráter indivisível da humanidade: *Umuntu ngumuntu nqabantu,* "Um ser humano é humano por causa dos outros seres humanos". Não podemos pisar na essência humana dos outros sem desvalorizar a nossa própria. Os igbo, sempre práticos, dizem isso de modo bem concreto em seu provérbio *Onye ji onye n'ani ji onwe ya*: "Quem quer prender o outro na lama também tem que ficar no meio da lama". Quantos pensamentos e lembranças africanas — meio esquecidos, disfarçados ou reprimidos — vivem na mente e no coração dos afro-americanos, isso nunca saberemos.

Se vocês perguntarem minha opinião sobre o que torna Martin Luther King digno da homenagem e da comemoração que hoje dedicamos à sua memória, direi que são duas coisas: o que ele próprio conseguiu e o que ele representa em uma longa linhagem de pessoas na luta de um povo por liberdade e justiça.

Primeiro, suas realizações pessoais. Não estou pensando em marchas e boicotes, por maiores e mais importantes que tenham sido, e sim em um homem que lutou para vencer dentro de si mesmo o medo e o ódio — duas emoções das mais destrutivas e limitadoras da humanidade. Quero salientar *lutou* e *vencer*. Lùtar é tão importante quanto vencer, talvez até mais, pois é *justamente isto* — o fato de que o resultado nunca foi garantido, de que nosso herói não entrou no palco inteiramente formado e destinado a vencer, de que partiu do ponto em que a maioria de nós está hoje, vulnerável ao medo, ao preconceito e a todas as outras fragilidades da nossa condição humana, e mesmo assim ele lutou e conquistou vitórias —, são esses fatos que nos tornam aparentados do herói e permitem que sejamos beneficiários de sua heroica jornada e capazes de extrair dela a energia e a esperança para desafiar os obstáculos nos nossos pequenos caminhos marginais. É isso que Martin Luther King deveria dizer a cada um de nós.

Segundo: ele é importante como marco na longa história da luta dos negros, desde as primeiras revoltas, e como guia para batalhas futuras. É importante ter essa perspectiva histórica, pois ela é correta e nos salva de acreditar na heresia de que houve uma época de ouro da tirania, quando as vítimas viviam bem felizes com sua opressão.

Um missionário branco americano, J. Lowrie Anderson, trabalhando em Nairóbi, relatou um incidente ocorrido entre ele, outro americano e um queniano logo após o assassinato do dr. King:

Quando eu e um colega nos sentamos para tomar chá com um amigo africano, este disse amargamente: "Nós odiamos vocês, americanos. Vocês mataram nosso Martin Luther King". Meu colega respondeu: "Sim, eu tinha vergonha de ser americano, até que me lembrei de que Martin Luther King também era americano. Daí fiquei orgulhoso".

É justo e oportuno celebrar a memória de Martin Luther King, um homem que lutou com tanta valentia para restaurar a essência humana dos oprimidos e dos opressores.

*1992*

# A universidade e o fator liderança na política nigeriana

Conta-se que certa vez Bernard Shaw chegou ao porto de Nova York, nos dias em que se viajava por mar, e assim que desceu do navio foi cercado por jornalistas. Mas antes que o mais rápido deles pudesse abrir a boca, Shaw já disparou sua resposta, deixando todos mudos: "Não me perguntem o que vocês têm que fazer para se salvar; a última vez que estive aqui eu já lhes disse, e vocês não fizeram!".

É assim que me sinto em relação a esse debate nacional que nossos militares nos impuseram. Já sabemos o que devemos fazer, mas nos recusamos a fazê-lo. Em vez disso, apenas falamos e falamos em todos os lugares, como se a causa do nosso problema fosse apenas gritar pouco. Assim, declinei ou simplesmente ignorei todos os convites para entrar nessa farsa. Mas então a Universidade da Nigéria pediu que eu participasse de um debate "organizado exclusivamente para uma universidade, entendida como uma comunidade que integra a família nigeriana, uma instituição que deve estar na corrente principal, e não na periferia dos assuntos nigerianos". Eu não poderia dizer não a esse convite, que vinha bem do meu quintal.

O convite pedia, especificamente, que eu refletisse sobre o problema da liderança, sobre o qual minha posição é bem conhecida na Nigéria; assim, pareceu-me que os organizadores do fórum me convidavam para responder a algumas críticas já feitas contra minha posição. Era um convite demasiado sedutor!

Meu livrinho *The trouble with Nigeria* [O problema da Nigéria], publicado às vésperas do segundo mandato do presidente Shehn Shagari, abre com as seguintes palavras:

O problema da Nigéria, colocado em termos simples e diretos, é o fracasso da liderança. Não há nada de basicamente errado no caráter nigeriano. Não há nada de errado na terra da Nigéria, no clima, na água, no ar ou em qualquer outra coisa. O problema da Nigéria é a falta de vontade ou de capacidade de seus dirigentes para corresponder à responsabilidade, ao desafio do exemplo pessoal, que é a marca da verdadeira liderança.

Assim, entre os inúmeros problemas da Nigéria, para mim a questão da liderança era, e continua sendo, proeminente. O livrinho continua, de fato, identificando outros, como tribalismo, corrupção, indisciplina, injustiça social, indulgência para com a mediocridade etc. Mas minha tese é que, sem uma boa liderança, nenhum dos outros problemas tem chance de ser combatido, muito menos resolvido.

Bem, as duas críticas parelhas feitas à minha posição que considero interessantes o bastante para me motivar a responder são: (1) que minha visão do grave problema da Nigéria é elitista, pois enfatiza o papel de uma safra de líderes, e não das grandes massas; e (2) que meu diagnóstico identifica erroneamente as pessoas, e não os sistemas econômicos e políticos, como a origem do problema nigeriano.

Reconheço, de fato, que de modo geral há três componentes

para a equação do desenvolvimento nacional: o sistema, o líder e os seguidores. Em um mundo ideal, cada um deles se mesclaria aos outros perfeitamente e com eficiência. Mas é bem claro que a Nigéria não está em um mundo assim, nem sequer a caminho dele. Na verdade, ela parece estar seguindo na direção oposta, rumo a um mundo de maus sistemas, má liderança e maus seguidores. A pergunta, então, é a seguinte: como fazer para redirecionar nossos passos rapidamente? Ou seja, por onde começamos para ter a melhor chance de sucesso? Seria melhor mudar o sistema nigeriano, mudar o estilo de liderança nigeriano ou mudar o coração dos 120 milhões de nigerianos?

Os defensores da supremacia do sistema argumentam que, sem um arranjo político-econômico correto, nenhum bom líder pode surgir, ou sobreviver, e decerto não se pode desenvolver um bom conjunto de seguidores. Não sou alheio ao fascínio desse argumento e reconheço que ele pode ser atraente, acima de tudo quando apresentado por uma cabeça de primeira ordem. Lembro-me de ouvir C. L. R. James (autor de *Os jacobinos negros*), em uma memorável palestra proferida na Universidade de Massachusetts, defendendo os sistemas. James era um pensador marxista ousado e erudito e apresentou um argumento bastante surpreendente. Disse que, durante a Grande Depressão, os Estados Unidos tiveram a opção de seguir um de dois eminentes cidadãos — Franklin D. Roosevelt ou Paul Robeson. Roosevelt, disse ele, propunha mexer com o traumatizado sistema capitalista americano, enquanto Paul Robeson, uma pessoa muito mais brilhante, era a favor de desmantelar o sistema por completo. É claro que o país seguiu Roosevelt e jogou Robeson na lata de lixo. E o resultado, disse C. L. R. James, foi o caso Watergate, escândalo que absorvia e angustiava profundamente o país na época de sua palestra. E em seguida, com uma hipérbole característica, James disse ao público fascinado que, mesmo que Jesus Cristo e seus discípulos desces-

142

sem à terra e tomassem conta da Casa Branca, ainda assim o caso Watergate teria acontecido! O que ele estava dizendo, na verdade, era não apenas que o sistema capitalista americano era inviável, mas também que a única coisa importante era o sistema. Sem dúvida, um argumento doutrinário. Os programas de Roosevelt de reconstrução social do New Deal e a reestruturação que ele fez das instituições financeiras americanas, em especial a criação do Federal Deposit Insurance Corporation (FDIC), órgão garantidor dos depósitos bancários, não poderiam, hoje, ser chamados de "revoluções", como alguns pensavam na época; mas quem os menosprezar como simples remendos sem importância teria que ser um adversário muito empenhado! E teria que demonstrar isso não só com abstrações intelectuais, mas apontando algum sistema real, de fato praticado em algum lugar, que mostre resultados melhores e não gere escândalos de nenhum tipo.

Na minha opinião, porém, o problema básico dos esforços para dar primazia aos sistemas é sua incapacidade de explicar de que modo um sistema abstrato pode se concretizar de maneira autônoma. Será que ele cai do céu e passa a operar a si mesmo? Será que a Tanzânia teria escolhido o caminho socialista do desenvolvimento se Nyerere não estivesse por lá? E, logo ao lado, será que o Quênia teria optado pelo capitalismo se Oginga Odinga tivesse sido o líder, em vez de Jomo Kenyatta? Quando as pessoas falam com tanta desenvoltura sobre o sistema correto, esquecem que estão falando sobre arranjos políticos que se concretizam, seja por evolução ou por revolução, em outros lugares e épocas, pelos líderes desses lugares e dessas épocas, ou seus precursores. Não teria ocorrido a Lênin ou a Fidel Castro (para citar apenas dois exemplos) descartar o fator liderança ao elaborar um sistema e converter um modelo social abstrato em instituições reais. Essas são funções inescapáveis de uma liderança intelectual e política.

Naturalmente, seria possível argumentar que toda a elaboração mental que deve ser feita sobre esse assunto já foi feita em outros lugares, por outras pessoas, e que nós, que chegamos mais tarde, não precisamos reinventar a roda, por assim dizer. Mas essa é uma proposição que não poderíamos aceitar.

Não é preciso perder muito tempo com o argumento da proeminência dos seguidores. Basta dizer que nenhum empreendimento humano conhecido floresceu baseado no princípio de que os seguidores lideraram seus líderes. O clichê de que as pessoas têm o líder que merecem é um exagero útil — útil porque alerta a população para a necessidade da cautela na escolha de seus dirigentes (onde ela tem a chance de escolhê-los) e de mantê-los sob constante supervisão.

Mas ir além disso e sugerir, como já ouvimos muitas vezes as pessoas fazerem aqui na Nigéria, que quando um dirigente conduz pelo caminho errado, ou não oferece liderança alguma, é porque os nigerianos não são patrióticos e são impossíveis de governar; ou então que quando um líder aceita um suborno ele não é mais culpado do que quem lhe ofereceu o suborno — isso é entender de maneira totalmente errada o significado de liderança.

A liderança é um dever sagrado, tal como o sacerdócio nas religiões civilizadas, humanitárias. Ninguém a assume de maneira leviana ou inadvertida, pois ela exige qualidades mentais e uma disciplina do corpo e da vontade que vão muito além das necessidades do cidadão comum. Quem quer que se ofereça ou seja oferecido à sociedade como líder deve estar consciente das exigências extraordinárias dessa função; e, se tiver qualquer dúvida a respeito, deve recusar com firmeza o convite.

Às vezes ouvimos defensores da má liderança perguntar aos críticos se eles fariam melhor se estivessem no lugar do líder. É uma pergunta particularmente tola, cuja resposta é que o crítico não está no lugar do líder, e tampouco se candidatando ao posto;

portanto, como ele agiria no lugar do outro é uma questão que simplesmente não se coloca. Um articulista pode, com certeza, criticar um piloto que causa a queda de um avião por descuido ou incompetência, ou um médico que mata o paciente por negligência ao receitar um medicamento, sem precisar mostrar que ele próprio é capaz de pilotar um avião ou de receitar remédios.

O fator elite é um elemento indispensável da liderança. E a liderança é indispensável a qualquer associação de seres humanos que desejem atingir as metas que fixaram para si próprios.

Quando uma associação desse tipo está envolvida em uma tarefa difícil, ou em busca de um objetivo arriscado, tal como a construção de uma nação, a necessidade de uma liderança competente se torna ainda mais urgente. É como ter um capitão que tem controle sobre "os que descem ao mar em navios", ou os que sobem às nuvens em aviões. Até mesmo uma nação já firmemente estabelecida concede, em momentos de emergência, poderes sem precedentes a seu líder, ainda que os instintos democráticos dela sejam profundos em épocas normais. Durante a Grande Depressão, o complexo industrial e comercial americano, que sempre mostrou uma independência feroz, praticamente colocou seus negócios nas mãos do presidente Roosevelt.

Quando falamos em liderança, em geral pensamos em liderança política. É de esperar isso, pois em circunstâncias normais são as instituições políticas que fornecem a estrutura básica da sociedade humana. Mas há outros tipos de liderança atuando sob a superestrutura política: a liderança militar, industrial, intelectual, artística, religiosa etc. Cada um desses subgrupos desenvolve suas próprias regras peculiares e sua cadeia de comando, que parte do topo, passando por um núcleo mais ou menos restrito de administradores de nível médio, e chegando até a massa de seguidores. Esse modelo pode, naturalmente, ser definido como elitista.

Infelizmente, "elitista" se tornou um palavrão no uso contemporâneo. Era inevitável, e mesmo desejável, que com a disseminação dos princípios democráticos no mundo os sistemas de elite herdados do passado imemorial da humanidade fossem submetidos, assim como quaisquer outras práticas e valores recebidos do passado, a uma análise crítica e a uma reavaliação. Mas em um mundo em que os slogans fáceis colocam tão depressa em fuga as faculdades críticas, o que aconteceu com a palavra "elite" é um bom exemplo de como uma palavra que já foi útil pode se tornar manipulada até o ponto de não facilitar mais o raciocínio, e sim chegar até a inibi-lo. Mas talvez a nuvem que paira sobre essa palavra seja um pouco merecida. É mais provável que uma palavra se desgaste quando o conceito que ela representa foi corrompido.

Gostaria de examinar brevemente os usos e abusos do sistema de elite, dando como exemplo um exército nacional. Um exército é, sem dúvida, um dos braços da organização humana onde há necessidade de uma liderança clara e inequívoca. A hierarquia do comando é necessária, e também rígida. Nem mesmo os exércitos de "democracias populares" conseguiram obliterar a linha divisória entre o comandante e os comandados.

Pois bem, além do fato inevitável de haver hierarquia em sua organização, os exércitos mais modernos criaram tropas de elite especiais, cuja missão é invadir, destruir obstáculos particularmente difíceis e seguir em frente, deixando para as forças regulares as atividades militares de rotina. Os membros desse corpo de elite têm posição muito superior à das tropas regulares e recebem todo tipo de favores e privilégios para compensar seus esforços extraordinários e os perigos que enfrentam.

Mas suponhamos que um exército recrutasse seu corpo de elite não entre os que atendem aos critérios mais elevados e mais rigorosos de perícia militar, e sim porque são filhos de generais e almirantes. Nesse caso, seria criado um corpo de elite corrupto, mimado com favores especiais e sem as habilidades das forças de ataque de elite. Portanto, o cerne da questão acerca de uma elite não é saber se ela é necessária ou não, e sim se é genuína ou falsa. Tudo se resume à forma como essa elite é recrutada; e isso vale para qualquer sistema de elite. Um corpo de elite de cientistas é imprescindível para um Estado moderno, mas se for montado entre os filhos e cunhados dos professores, e não entre os jovens cientistas de maior talento, seria pior do que inútil, pois não só deixaria de produzir resultados científicos como também inibiria a produção desses resultados por outras pessoas. Ou seja, uma elite espúria inflige um duplo prejuízo à sociedade. Vemos assim que o verdadeiro problema da liderança está no recrutamento. Muitos filósofos políticos, desde Sócrates e Platão até os dias de hoje, já o enfrentaram. Todas as sociedades humanas, inclusive nossas próprias sociedades tradicionais e contemporâneas, também já lutaram contra esse problema. Como conseguir os serviços de um bom líder?

Um articulista de uma publicação que não concorda com minha opinião sobre esse assunto publicou uma foto minha com o queixo apoiado na mão e uma legenda dizendo: "Achebe esperando o Messias". Muito injusto, é claro! Mesmo assim, esperar que venha um messias talvez não seja tão inverossímil ou ridículo como esse colunista imagina, pois não temos nenhuma receita cem por cento segura de como fazer surgir um grande líder. Nenhum povo tem esse monopólio. Grandes líderes já surgiram em diversos lugares, oriundos de todos os sistemas concebíveis: feudal, democrático, revolucionário, militar etc. Pensemos em Kemal Atatürk, Shaka Zulu, Elizabeth I, Lênin, Mao Tsé-Tung, Lincoln, Kwame Nkrumah.

Será que isso significa, então, que, tal como a árvore *iroko*, o grande líder irá crescer onde bem entender e que nós todos devemos nos sentar e ficar esperando com o queixo apoiado na mão? Não! Se não podemos obrigar que haja grandeza em nossos líderes, podemos, pelo menos, exigir deles uma competência básica. Podemos insistir em ter líderes bons e instruídos, enquanto esperamos e oramos para que surjam os grandes líderes. Até mesmo líderes divinos já precisaram que precursores lhes abrissem caminho.

Nos sistemas monárquicos tradicionais, do tipo que hoje tacharíamos de anacrônicos, havia grupos de elite chamados "fazedores de reis", cuja função era ficar de olho em todos os príncipes elegíveis e escolher o melhor quando chegasse a hora. Esses dignitários eram especialmente qualificados pela tradição e por seu conhecimento da história do reino, e também por serem, eles próprios, inelegíveis para o cargo, de modo que podiam ser considerados razoavelmente imparciais. Os que duvidam que podemos aprender algo com nossos sistemas e práticas tradicionais devem comparar os escrúpulos que há nesse sistema de "fazedores de reis" com a falta de escrúpulos das nossas eleições atuais!

Seja como for, as universidades e outros centros de elite com um profundo conhecimento das questões nacionais e mundiais podem desempenhar um papel um tanto análogo ao desses dignitários do passado — não escolhendo o rei, mas promovendo antecipadamente um clima geral de esclarecimento no país e um desejo de excelência em todo o eleitorado, inclusive nos que aspiram à liderança nacional.

Temos de reconhecer que no passado a universidade nigeriana não se saiu muito bem nesse aspecto. Os que saíram das universidades e se lançaram na política nacional têm mostrado um desempenho lamentável. Ninguém é capaz de citar nenhuma conquista brilhante na política nacional que a nação possa reconhecer como uma contribuição especial de homens e mulheres saídos da universidade. Pelo contrário, um bom número deles já foi acusado de abuso de poder e de outros tipos de corrupção.

Aqueles que não se lançaram na política e se mantiveram na

torre de marfim acadêmica não se saíram muito melhor. Muitos se venderam barato e desgastaram seu prestígio correndo para lá e para cá entre o campus e as salas de espera dos poderosos, competindo pela atenção e derrubando uns aos outros, para divertimento dos políticos. Por essas e outras razões, a universidade perdeu, merecidamente, sua mística e desperdiçou a credibilidade que tinha em abundância na época da independência da Nigéria.

Para coroar tudo isso, tivemos uma entusiasmada autoridade política saída do mais alto escalão da administração universitária, cuja única preocupação foi fazer um número circense de equilibrismo — investindo a riqueza da nação em todo tipo de freios para deter o progresso, recompensando e mimando os preguiçosos, num esforço equivocado e inútil de alcançar a união através da discriminação e paridade com o atraso.

Quem, então, vai lutar pela busca da excelência, que é a base do ideal universitário e que nenhum povo pode negligenciar sem pagar um alto preço em estagnação e decadência? Até agora a universidade nigeriana demonstrou pouca fé em sua própria missão. É de espantar que os outros também tenham pouco entusiasmo?

Uma característica marcante da Nigéria foi que, em seu primeiro quarto de século, nenhum de seus governantes tinha nível universitário. Será que isso diz alguma coisa sobre nossas preocupações e nossos valores nacionais? Basta olhar em volta e comparar nosso histórico a esse respeito com o de nossos vizinhos, mesmo africanos.

Não estou sugerindo que a universidade seja a única fonte de iluminação e de excelência. Longe de mim essa ideia. Mas nenhum dos oito governantes terem sido universitários, nenhum deles em 26 anos! Nossos povos tradicionais teriam recorrido à adivinhação *Afa* para explicar isso!

Agora que o século XXI começa a nos envolver, devemos lançar um olhar frio e objetivo para nós mesmos e nos perguntar por que a liderança intelectual que a nação nigeriana merece receber da universidade ainda não se concretizou. É imperativo que a universidade nigeriana decida melhorar seu desempenho. Ela deve se dedicar ao trabalho, a fim de produzir aquele sal da excelência que a nação espera dela, e colocá-lo no caldeirão borbulhante da liderança do país.

*1988*

# Stanley Diamond

Fiquei intrigado quando fui convidado a contribuir com um artigo para um volume de ensaios em homenagem a Stanley Diamond. A antropologia dialética não é um campo em que me movimento com liberdade e facilidade. Minha área é outra. Mas suponho que deve ter havido uma razão para me convidarem, e por isso mesmo (se adivinhei corretamente) eu não poderia recusar nem deixar passar a ocasião sem dizer uma palavra.

Stanley Diamond veio a Biafra. Na verdade, veio duas vezes durante a terrível guerra civil que arrasou a Nigéria de 1967 a 1970. Para muitos de nós presos nessa guerra, sua chegada significou muito. E por quê? Ele foi apenas um dos inúmeros visitantes que tivemos. O que tornou sua vinda tão especial?

Biafra despertou emoções profundas no mundo todo. Provavelmente ofereceu ao noticiário noturno da TV sua primeira chance de amadurecer e invadir, sem piedade, o santuário das salas de estar das pessoas, com cenas horripilantes de crianças massacradas até virar pó pela guerra moderna — uma guerra por procuração, em que se combateu com armas modernas. A baronesa Asquith disse na Câmara dos Lordes britânica: "Graças ao milagre da televisão, vemos a história acontecendo diante dos nossos olhos. Não vemos nenhuma propaganda igbo; vemos os fatos".[1] Se os governos se mantiveram, de modo geral, indiferentes à tragédia, as pessoas comuns ficaram indignadas. Da galeria de visitantes da Câmara dos Comuns, eu fui testemunha de uma agitação descrita como uma arruaça sem precedentes durante a apresentação da moção de um parlamentar sobre Biafra. Harold Wilson, o vilão daquela cena, permaneceu sentado, frio como uma pedra de gelo, deixando que seu secretário de Relações Exteriores, Michael Stewart, suasse para resolver o embaraço.

Não surpreende que muitas pessoas notáveis quisessem visitar o cenário de tal tragédia humana. Auberon Waugh veio ver *in loco*, e depois escreveu um livro arrasador sobre a política de duplicidade da Grã-Bretanha. E também batizou seu filho recém-nascido de Biafra Waugh! Frederick Forsyth, na época um mero repórter, foi logo demitido por seu empregador, a BBC, por apresentar matérias demasiado favoráveis a Biafra. O conde Carl Gustaf von Rosen, lendário aristocrata sueco que em 1930 se ofereceu para lutar como voluntário, defendendo Hailé Selassié dos italianos, voltou à África para abraçar a causa de Biafra e semear o pânico na força aérea nigeriana, dotada de caças MiG e Ilyushin, com seus cinco aviõezinhos Minicon de dois lugares.

Havia um coronel aposentado da Força Aérea americana, cujo nome não recordo, que deixou sua vida de aposentado na Flórida a fim de transportar para Biafra, de avião, alimentos e remédios em nome da Joint Church Aid, trazidos da ilha portuguesa de São Tomé. Ele participou como piloto de muitas missões ao aeroporto Uli — um trecho de estrada que os biafrenses converteram, com grande habilidade, em uma pista de pouso; durante o dia ficava camuflada com folhas e à noite se transformava em um dos aeroportos mais movimentados da África. Em uma noite de tempestade, o coronel não voltou de sua missão. Liguei para sua viúva durante uma visita que fiz à Flórida. Foi um encontro doloroso. Na verdade eu não conhecia o homem pessoalmente, e não havia nada que eu pudesse dizer àquela mulher sentada ali, tão calma e cortês, mas distante. Porém, quando eu já ia me despedir, ela me perguntou:

"Diga-me sinceramente: ele fez algum bem indo até lá?"

"Sim", respondi. "Sem dúvida nenhuma. Ele salvou a vida de algumas crianças." Ela sorriu, com lágrimas nos olhos.

Um pequeno grupo de escritores americanos veio mostrar solidariedade com os escritores perseguidos de Biafra — Kurt Vonnegut, Herbert Gold, Harvey Swados. Eles mal haviam partido, quando ocorreu o colapso final de Biafra e o aeroporto fechou. Cada um desses visitantes e dezenas de outros, muitos dos quais não encontrei nem conheci, vieram ao país atendendo a um apelo da nossa essência humana comum. Vieram se juntar aos perdedores. Ouvi dizer que, quando Von Rosen ficou sabendo da derrota de Biafra, disse que o mundo levaria pelo menos cinquenta anos para entender o que tinha acontecido.

Stanley Diamond chegou como todos os outros. Mas trouxe algo mais: seu interesse e sua especialização acadêmica, já de longa data, por aquele território. Em seu livro *O mundo e a Nigéria: a história diplomática da guerra de Biafra, 1967-1970*, Suzanne Cronje, que foi correspondente diplomática do *Financial Times* de Londres, apresenta o seguinte argumento: "De modo geral, a ênfase no sofrimento e no alívio do sofrimento prejudicaram as chances de Biafra ganhar reconhecimento internacional. O problema passou a ser visto como humanitário, e não como um dilema político; era mais fácil doar dinheiro para o leite do que responder ao desafio internacional apresentado por Biafra".[2]

Stanley Diamond conhecia bem a Nigéria; já fizera um extenso trabalho de campo em algumas regiões do país nos últimos dias do domínio colonial britânico, e acompanhou de perto as questões nigerianas durante a independência e também depois. Ele entendia a dimensão ideológica do conflito. Não se deixou enganar pelos árduos esforços da Grã-Bretanha de apresentar sua ex-colônia como uma história de sucesso da independência africana, quando, na verdade, ela só tinha passado, com a colaboração ativa da Grã-Bretanha, do estado colonial para o neocolonial. Ele viu a sangrenta guerra civil não como a Grã-Bretanha e outros defensores da Nigéria a apresentavam — ou seja, o nacionalismo progressista combatendo o tribalismo primitivo —, e sim como a destruição de uma cultura nacional rara e genuína no instante de seu nascimento.

Era vantajoso para o argumento a favor de uma Nigéria federalista estigmatizar Biafra por suas alegadas ligações com a África do Sul e Portugal. Stanley Diamond ressaltou que no primeiro ano da guerra foi a Tchecoslováquia e a China, e não a África do Sul ou Portugal, que forneceram a maior parte dos armamentos adquiridos por Biafra, e que a fonte tchecoslovaca secou em 1968, depois da repressão ao movimento reformista Primavera de Praga pelos tanques soviéticos e a queda de Alexander Dubcek.

Quando chega o momento de fazermos as perguntas certas e as inferências certas sobre o que aconteceu naqueles anos terríveis, as ideias de Stanley Diamond são uma grande ajuda para nós. São ideias enraizadas em uma erudição prodigiosa e uma sensibilidade profundamente humana.

Fico feliz ao ver que esse homem notável, que procurou tão longe, que encontrou e recuperou a visão simples do homem primitivo na encruzilhada entre a ciência e a música, ofereceu a meu país o privilégio de sua profunda reflexão acadêmica, humanista e espiritual. A *New York Review of Books* de 22 de maio de 1969 publicou um longo artigo intitulado "Biafra Revisited", de Conor Cruise O'Brien, sobre a segunda visita que fez a este país com

Stanley Diamond. O artigo vinha acompanhado por um poema que eu acabara de escrever em memória de Christopher Okigbo, o maior poeta moderno africano, tombado havia pouco nos campos de batalha de Biafra. Também trazia outro poema profundamente comovente, "Domingo em Biafra", de Stanley Diamond, que, tal como toda a sua poesia, combina uma substancialidade espantosa com uma assombrosa naturalidade e inevitabilidade, e grava na mente da gente, como um símbolo da tragédia africana, uma imagem e uma lógica que nada irá apagar.

*1992*

# A África é gente de verdade

Creio que foi nas primeiras semanas de 1989 que recebi um convite para uma reunião de aniversário — o vigésimo quinto ano, ou algo assim, da Organização para a Cooperação e o Desenvolvimento Econômico (OCDE), em Paris. Aceitei sem entender bem de que modo eu poderia contribuir para essa celebração. Minha perplexidade inicial continuou durante o encontro, e aumentou quando os eventos se iniciaram. Ali estava eu, um escritor africano, no meio de um grupo no qual predominavam banqueiros e economistas do Ocidente, um convidado, por assim dizer, vindo das províncias atingidas pela pobreza em um encontro dos ricos e poderosos na metrópole. Enquanto eu os ouvia — europeus, americanos, canadenses, australianos —, não tive a menor dúvida, pela segurança que demonstravam, que eles eram os senhores do nosso mundo, saboreando os benefícios de seu sucesso. Eles leram e discutiram trabalhos sobre assuntos de economia e desenvolvimento em diferentes regiões do mundo. Falaram, em especial, sobre a "receita mágica" da década de 1980 — o ajuste estrutural, especialmente concebido para as partes do mundo onde a economia estava completamente descontrolada. A questão era muito simples, pareciam dizer os especialistas: a única razão para não se desenvolver era a indisciplina de todos os tipos, e o remédio era ministrar um tratamento de choque rápido e agudo, que arrancaria o doente daquele pântano da imprevidência, trazendo-o de volta para a via elevada e firme da economia de livre mercado. As receitas mais citadas para essa doença eram a eliminação dos subsídios para os alimentos e combustíveis e a desvalorização da moeda nacional. Sim, os peritos reconheciam, inevitavelmente haveria algum sofrimento acompanhando essas medidas, mas era um sofrimento transitório e, de toda forma, insignificante em comparação com o desastre que com certeza ocorreria se nada fosse feito naquele momento.

O diretor do Banco do Quênia fez, então, sua apresentação. Pelo que me lembro, ele era o único outro africano presente nessa sessão. Ele pediu aos especialistas que examinassem o caso de Zâmbia: segundo ele, esse país tinha aceitado um regime de ajuste estrutural, e o vinha praticando havia muitos anos, e o resultado era que suas condições econômicas estavam piores do que antes, quando o tratamento começou. Um especialista americano, que parecia atrair grande atenção e recebia muita deferência na sala, tomou de novo a palavra. Ele repetiu o que já tinha sido dito muitas vezes antes: "Sejam pacientes, com o tempo isso vai funcionar. Confiem em mim!", ou algo do gênero expresso com outras palavras.

De repente, senti um *insight* tão forte que parecia uma facada, e ficou claro para mim por que eu tinha sido convidado, o que eu estava fazendo ali naquela estranha assembleia. Manifestei meu desejo de falar e recebi a palavra. Expressei então o que eu havia acabado de identificar. Disse que aquilo que estava acontecendo diante de mim era uma *oficina de ficção*, nada mais, nada menos! Aí estão vocês, desfiando suas belas teorias, que devem ser testadas nos seus laboratórios imaginários. Vocês estão desenvolvendo

157

novos medicamentos, aplicando-os a um grupo de cobaias de laboratório e torcendo para que aconteça o melhor. Só que eu tenho uma grande notícia para vocês. A África não é uma ficção. A África é gente de verdade, são pessoas reais. Já pensaram nisso? Vocês são pessoas brilhantes, grandes especialistas mundiais. Podem até ter as melhores intenções. Mas será que vocês já pensaram, *realmente* pensaram, na África como gente de verdade, de pessoas reais? Vou lhes contar o que ocorreu no meu país, a Nigéria, com o ajuste estrutural. Depois de tomar esse remédio por dois anos, vimos o valor do salário mínimo do país despencar do equivalente a quinze libras esterlinas por mês para cinco libras. Isso não é um relatório de laboratório nem um exercício matemático. Estamos falando de alguém cuja renda mensal, que já é bem miserável, reduziu-se a um terço do que era dois anos antes. E esse homem de carne e osso tem mulher e filhos. Na opinião de vocês, ele deveria simplesmente voltar para casa e dizer à sua família para ter paciência. Agora me permitam lhes fazer esta pergunta. Vocês recomendariam um remédio assim ao seu próprio povo e ao seu próprio governo? Como vocês venderiam um projeto desse a um presidente eleito? Com isso, vocês lhe pediriam que cometesse suicídio político ou talvez que suspendesse as eleições por completo até ele conseguir dar um jeito na economia. Dá para perceber que é isso que vocês estão fazendo?

Achei que vi algumas caras de espanto do outro lado da enorme mesa redonda da sala de conferências. Ou talvez fosse apenas minha imaginação otimista. Mas de uma coisa tenho certeza. O diretor-geral (ou seja lá qual for o nome do cargo) da OCDE, sentado a meu lado, um holandês que era um verdadeiro gigante, cochichou para mim baixinho, pelo menos duas vezes: "É isso aí! Dá-lhes!".

Saí dessa estranha convenção mais otimista sobre a condição humana, pois quem iria imaginar que, bem no coração da cidadela do inimigo, haveria um amigo como esse holandês, feliz ao me ver soltar meus gatos no meio dos seus pombos?! "A África é gente de verdade" pode parecer uma afirmação demasiado simples e óbvia para alguns de nós. Mas em minhas viagens pelo mundo descobri que mesmo as coisas mais simples podem nos causar uma porção de problemas, até para as mentes mais brilhantes, e isso é particularmente verdade nos assuntos relativos à África. Um dos maiores homens do século XX, Albert Schweitzer — filósofo, teólogo, músico, missionário médico —, não enxergou o fato mais óbvio sobre a África e afirmou o seguinte: "O africano é, decerto, meu irmão; mas é meu irmão mais jovem". Agora, será que nós, ou alguém que nós conhecemos, já enfrentou o dr. Schweitzer acerca dessa blasfêmia? Não, de forma alguma. Pelo contrário, ele era admirado até a adoração, e Lamberené, exatamente o local em solo africano onde ele proferiu esse descalabro, se tornou local de peregrinação.

Ou, então, vejamos outra figura muito admirada do século XX, o primeiro escritor, na verdade, a dar o ar de sua graça na capa da recém-criada revista *Time*. Estou falando, é claro, daquele extraordinário capitão do mar e romancista inglês, polonês de nascimento e francófono, Joseph Conrad. Ele registrou em suas memórias sua experiência ao ver pela primeira vez um homem negro com estas notáveis palavras:

> Certo negro, um enorme macho que encontrei no Haiti, fixou a minha concepção da raiva cega, furiosa, irracional, tal como se manifesta no animal humano, até o fim dos meus dias. Depois disso sonhei com esse negro durante muitos anos.[1]

Minha atenção foi atraída para essas observações de Conrad em um trabalho acadêmico, não muito conhecido, de Jonah Raskin. Seu título era *A mitologia do imperialismo*, publicado em

1971 pela Random House. Menciono isso porque o título de Raskin define a fonte cultural da qual Conrad extraiu suas palavras e suas ideias. A fixação de Conrad, que ele reconhece tão abertamente em suas memórias e é bem visível em sua ficção, passou, de modo geral, despercebida nas avaliações literárias e acadêmicas de seu trabalho. E por quê? Porque tem firmes alicerces na mitologia do imperialismo que condicionou, com tanta eficácia, a civilização contemporânea e seus métodos de educação. A dominação imperial exigia uma nova linguagem para descrever o mundo que havia criado e as pessoas que havia subjugado. Não é de surpreender que essa nova linguagem não louva esses povos subjugados nem os celebra como heróis. Pelo contrário, ela os pinta com as cores mais extravagantes. A África, principal alvo do imperialismo europeu, onde praticamente nem um só palmo de terra escapou ao destino da ocupação imperialista, naturalmente recebeu em cheio o golpe dessas definições negativas. Acrescente-se o esforço maciço dos três séculos anteriores de tráfico transatlântico de escravos para rotular os negros de forma depreciativa, e podemos ter uma ideia da magnitude do problema que se apresenta hoje com este conceito tão simples: *a África é gente de verdade.*

James Baldwin fez uma observação semelhante sobre os negros americanos, descendentes de africanos. Em seu ensaio "Fifth Avenue, Uptown", ele escreveu:

> Os negros querem ser tratados como homens: uma afirmação perfeitamente simples e direta, contendo sete palavras. Pessoas que já dominaram Kant, Hegel, Shakespeare, Marx, Freud e a Bíblia julgam essa afirmação impenetrável.

O ponto principal de tudo isso é nos alertar para o fardo que essa imagem representa hoje para a África, e nos fazer reconhecer o quanto essa imagem moldou as atitudes contemporâneas, inclusive, talvez, a nossa, com relação a esse continente.

Será que estou ouvindo, mentalmente, uma voz cansada suspirar "Lá vamos nós de novo, mais uma sessão de queixas e lamentações!"? Quero garantir a vocês que eu abomino e detesto os chorões. Os que me conhecem sabem disso. Para os que não me conhecem, recomendo um pequeno panfleto que escrevi em um momento crítico dos problemas do meu país. Chamei-o de *O problema da Nigéria*, e ele contém, provavelmente, as mais duras afirmações já expressas sobre essa infeliz nação. Tão duras que sempre que vejo um dos muitos críticos estrangeiros da Nigéria citá-lo alegremente, tenho vontade de estrangulá-lo! Não, eu não sou um apologista das muitas imperfeições da África. E sou cabeça-dura o bastante para saber que não devemos ser indulgentes para com esses erros, que nunca devemos justificá-los. Mas também sou racional o bastante para perceber que precisamos nos esforçar para compreender nossas falhas objetivamente e não apenas engolir as mistificações e mitologias fabricadas por pessoas de cuja boa vontade temos todos os motivos para suspeitar.

Vejam bem, eu entendo e aceito o argumento lógico de que se um país administra mal seus recursos, terá que enfrentar as consequências, tempos difíceis. Muito tempo atrás, escrevi um romance sobre um jovem africano promissor, instruído e educado, cheio de boas intenções e que, mesmo assim, está com seus negócios (fiscais e outros) em uma situação caótica. E como ele pagou caro por isso!

Não culpei o sistema bancário pela incapacidade dele de administrar suas finanças. O que eu fiz, ou tentei fazer, foi oferecer caminhos aos meus leitores para que explorassem as raízes do dilema do herói, separando os fatores pelos quais um indivíduo pode legitimamente ser responsabilizado daqueles que são de natureza sistêmica e estão fora do controle do indivíduo. Para meu herói, essa aventura crítica e analítica para a qual o livro convida os leitores será tão útil quanto dar remédios a um doente que já morreu, mas o leitor pode, pelo menos, terminar o livro satisfeito de haver tentado ser justo e imparcial para com esse malsinado rapaz. E será recompensado, espero, com um pouquinho mais de compreensão sobre a condição humana.

Os países da África (principalmente da África subsaariana) nos quais estou concentrando minha atenção não são os únicos que sofrem o drama da pobreza no mundo de hoje. Todos os chamados povos do Terceiro Mundo estão, mais ou menos, nesse mesmo barco — como, aliás, todos os pobres do planeta, mesmo os que vivem em meio à abundância no Primeiro Mundo.

Tal como o desafortunado jovem do meu romance, os pobres deste mundo podem ser culpados desse ou daquele defeito, ou de uma tolice em especial, mas se formos justos somos obrigados a admitir que nada do que eles fizeram ou deixaram de fazer explica todas as desvantagens que vemos já armadas contra eles. Às vezes somos tentados a ver os pobres como incorrigíveis preguiçosos que podemos simplesmente ignorar. Mas eles acabam voltando para ameaçar nossa paz, porque eles são maiores do que seus emblemas de sofrimento, porque eles são humanos.

Lembro-me de um noticiário na TV sobre as lutas no Chifre da África entre a Etiópia e a Eritreia. Como eu já esperava, a reportagem foi curtíssima. As únicas informações que o apresentador ofereceu para dar mais corpo ao simples anúncio de que havia uma luta foi que a Etiópia e a Eritreia são duas das nações mais pobres do mundo. E então ele partiu para outras notícias e outros lugares, deixando-me um pouquinho de espaço e de tempo para refletir sobre as más notícias que vêm da África. Que esclarecimento o telespectador recebeu com aquela informação sobre a pobreza, em relação ao combate ou aos combatentes? Quase nenhum. Que tal informar ao telespectador, com o mesmo número de palavras, que até recentemente a Eritreia era uma província da

Etiópia? Mas não. A sinédoque da pobreza é mais atraente e causa menos problemas; basta ir lá pegá-la naquele acessível armazém das mitologias sobre a África. Nada de pesquisas exaustivas. Mas se a pobreza salta tão rápido à nossa mente quando pensamos na África, o que sabemos de fato sobre ela? Em 1960, uma sangrenta guerra civil eclodiu no Congo logo que seu colonizador, a Bélgica, bateu em retirada às pressas. Em poucos meses, seu jovem primeiro-ministro radical e idealista, Patrice Lumumba, foi brutalmente assassinado por seus opositores, que o substituíram por um demagogo corrupto chamado Mobutu. Este apresentava como maior atrativo, presumivelmente, sua profissão de fé anticomunista. Mobutu logo tratou de pilhar as riquezas de seu enorme país, que é do tamanho de toda a Europa Ocidental, e também de fomentar a insatisfação nos países vizinhos do Congo, sendo cúmplice da desestabilização de Angola e colaborando abertamente com o regime do apartheid na África do Sul, de minoria branca. O legado de Mobutu foi de fato horrendo. Ele roubou bilhões de dólares e os escondeu em bancos estrangeiros. Roubou até o nome de seu país, rebatizando-o de Zaire. Hoje o Congo, estrategicamente posicionado no coração da África, vasto em tamanho e em riquezas minerais, também se tornou uma das nações mais pobres do planeta. Quem devemos responsabilizar por isso: o povo congolês, Mobutu ou seus patrocinadores, a CIA? Quem vai pagar o preço do ajuste estrutural? Naturalmente, a pergunta agora é irrelevante. As pessoas já estão "ajustadas" à pobreza esmagadora e à instabilidade de longo prazo.

O Congo não é, de modo algum, o único país africano cujo líder é escolhido ou mantido por potências estrangeiras. É apenas o caso mais escandaloso, em dimensão e desfaçatez.

O presidente Clinton acertou bem no alvo, quando pediu desculpas à África pela conduta inescrupulosa da política externa americana durante a Guerra Fria, uma política que esgotou as recém-nascidas esperanças da luta pela independência africana tal como faz a seca com as plantinhas novas. Entrei nesse assunto tão desagradável não para solicitar novos pedidos de desculpas, mas para fazer todos nós suspeitarmos desses comentários fáceis e levianos sobre a pobreza incurável da África ou a incapacidade endêmica dos africanos para se organizar e seguir em frente como todo mundo. Não posso me arrogar o direito de falar aos banqueiros mundiais sobre finanças públicas, economia e assim por diante. Já contei algumas histórias a vocês; permitam-me agora dar algumas sugestões.

No final de 1990, uma organização do Reino Unido chamada Jubileu 2000 me informou sobre sua nobre campanha para convencer os líderes das nações mais ricas do mundo (os países do G8) a perdoar as dívidas dos cinquenta países mais pobres do mundo. Deram-me a entender que o governo britânico já estava meio convencido de que isso deveria ser feito, e que os canadenses possivelmente tinham a mesma opinião. Mas o lado negativo foi que fiquei sabendo que o Japão e a Alemanha eram irredutivelmente contrários à proposta. E sobre o fator mais importante, os Estados Unidos, meu informante tinha isto a dizer: "Quando indagados sobre o cancelamento, suas línguas falam docemente, como os gregos de Homero, mas seus corações estão fechados. É preciso que algum outro poeta vá até eles e assedie seus corações... Será você esse poeta?". Depois disso, minha mulher, talvez percebendo minha ansiedade, me mostrou uma passagem em um livro que ela por acaso estava lendo. "O fato de que uma mensagem pode não ser recebida não é razão para não enviá-la." Fiquei espantado com a mensagem e com o mistério de sua aparição tão oportuna. Também reconheci a afinidade entre esse pensamento e outro que eu já conhecia, vestido com seu traje de provérbio igbo:

164

"Vamos realizar o sacrifício e deixar a culpa na soleira da porta dos espíritos". E foi isso que fiz.

Quanto ao Japão e à Alemanha, ambos beneficiários da ajuda à reconstrução no pós-guerra, não apelei para seus corações, e sim para a memória e o senso de ironia deles. E ainda, por segurança, lhes contei a parábola de Jesus sobre o servo que foi perdoado de uma enorme dívida por seu amo e que, ao sair de sua presença, encontrou outro servo que lhe devia uma pequena quantia. O primeiro servo agarrou o outro pelo pescoço e mandou torturá-lo e jogá-lo na prisão.

Meu segundo pedido ao Banco Mundial tocava a verdadeira raiz do problema — a pilhagem das riquezas das nações pobres por líderes corruptos e seus comparsas. Esse crime é agravado pela expatriação desses fundos para bancos estrangeiros, onde são postos a serviço das economias estrangeiras. O resultado é que a vítima é duas vezes enganada, se é que minhas contas estão certas: roubam-lhe as riquezas do seu tesouro público e também o potencial de desenvolvimento dessas riquezas. Espoliados para sempre.

Ao pedir ao Banco Mundial que assumisse a liderança na recuperação dos recursos roubados aos países pobres, não sugeri que tais operações criminosas são feitas através do Banco Mundial. Também estou ciente de que normalmente os bancos não são criados para atuar como força policial. Mas vivemos tempos terríveis, quando um único tirano ou um pequeno grupo de saqueadores pode tomar o poder e destruir, com sua ganância, a vida e o futuro de um país inteiro e de uma população inteira. As consequências dessas ações podem ser de proporções verdadeiramente genocidas.

Aqui reside a raiz dessa horripilante estatística destacada pelo presidente do Banco Mundial, James Wolfensohn: "Vocês ficarão chocados ao saber, como eu, que 37% da riqueza africana em mãos particulares está fora da África, enquanto na Ásia essa proporção é de 3% e na América Latina é de 17%".[2]

Seria uma grande pena, comentei, se o mundo só ficasse assistindo a essas estatísticas catastróficas e não fizesse nada, apenas para preservar os códigos de etiqueta e de confidencialidade criados pelo sistema bancário em épocas muito diferentes. O mundo acordou tarde demais para a deficiência desses códigos na questão do ouro roubado pelos nazistas no Holocausto. Já fomos, portanto, avisados. A cooperação dos bancos mundiais, liderados pelo Grupo do Banco Mundial, para eliminar esse grande flagelo, daria a muitos países pobres a primeira oportunidade real de começar de novo e de assumir a responsabilidade por seu desenvolvimento e progresso. Também iria desencorajar futuros saqueadores de nações. Além disso, livraria os sistemas bancários mundiais da acusação de receberem bens roubados e de serem coniventes com o genocídio.

Há muito tempo, tempo demais, o mundo se contenta em julgar os povos e as nações em dificuldades sobretudo com base nos estereótipos recebidos do passado, provenientes das mitologias da opressão. Em 1910, no auge do domínio imperial britânico, John Buchan, romancista popular que também foi um eminente funcionário do império britânico, publicou um clássico colonialista intitulado *Preste João*, no qual encontramos a seguinte declaração: "Eis a diferença entre brancos e negros: o dom da responsabilidade".

Não acredito que essa diferença exista a não ser na mitologia da dominação. Vamos colocar isso à prova dando a essas nações pobres e negras a primeira oportunidade justa de suas vidas. O custo é baixo e o benefício será fantástico, tanto para brancos como para negros. Confiem em mim!

Permitam que eu finalize com uma pequena coda. "A África é gente de verdade" tem outra dimensão. A África acredita nas pessoas, na cooperação com as pessoas. Se a máxima filosófica de Descartes "Penso, logo existo" representa o ideal do individualismo europeu, a afirmação bantu "*Umuntu ngumuntu ngabantu*" representa uma aspiração africana coletiva: "Um ser humano é humano por causa dos outros seres humanos". Nossa humanidade depende da humanidade de nossos semelhantes. Nenhuma pessoa, nenhum grupo podem ser humanos sozinhos. Nós nos erguemos acima do nível animal juntos — ou então não nos erguemos. Se aprendermos essa lição, ainda que tarde, teremos dado um passo à frente, um passo verdadeiramente digno de um novo milênio.

*1998*

# Notas

A EDUCAÇÃO DE UMA CRIANÇA SOB O PROTETORADO
BRITÂNICO [pp. 13-33]

1. Guy Burrows, *The land of the Pigmies*. Londres: 1898. Citado na edição de *Coração das trevas*, de Joseph Conrad de Robert Kimbrough. Nova York: Norton, 1988, pp. 128, 130.

2. Robert B. Shepard, *Nigeria, Africa and the United States*. Bloomington/ Indianapolis: Indiana University Press, 1991, pp. 88, 89.

DIZENDO NOSSO VERDADEIRO NOME [pp. 60-72]

1. James Baldwin, "My dungeon shook: letter to my nephew on the one hundredth anniversary of the emancipation", *The Fire Next Time*, 1963.

2. John Buchan, *Prester John*, citado em Brian V. Street: *The savage in literature*. Londres/ Boston: Routledge & K Paul, 1975, p. 14.

3. James Baldwin, "My dungeon shook: letter to my nephew on the one hundredth anniversary of the emancipation", *The Fire Next Time*, 1963.

4. Basil Davidson, *The African slave trade*. Boston: Atlantic-Little, Brown, 1961, pp. 147-8. Citado em Chinweizu, *The West and the rest of us*. Pero Press, 1987, p. 28.

5. C. R. Boxer, "The kingdom of Congo," *The dawn of African history*, Ro-

land Oliver (org.). Londres: Oxford University Press, 1968, p. 78. Citado em Chinweizu, *The West and the rest of us*, p. 331.

6. Dorothy Randall Tsuruta, "James Baldwin and Chinua Achebe", *Black Scholar*, n. 12, mar.-abr. 1981, p. 73.

RECONHECIMENTO [pp. 78-81]

1. *The interesting narrative of the life of Olaudah Equiano, or Gustavus Vassa, the African. Written by himself*, org. e intr. Paul Edwards. Harlow and White Plains, NY: Longman, 1989.

O NOME DIFAMADO DA ÁFRICA [pp. 82-99]

1. Dorothy Hammond e Alta Jablow, *The Africa that never was: four centuries of British writing about Africa*. Prospect Heights, Illinois: Waveland Press, 1992, pp. 22-23.

2. Joseph Conrad, *Heart of darkness*, org. Robert Kimbrough. Nova York: Norton, 1972, p. 37.

3. Ibid.

4. Ibid., p. 4.

5. Devo a Basil Davidson, *The African slave trade*. Boston: Little, Brown and Company, 1980, o esboço deste ensaio.

6. Mbanza era a capital do reino do Congo; o rei logo lhe deu o novo nome de São Salvador. A passagem citada vem de *The African slave trade*, de Davidson, p. 136.

7. Ibid., p. 152.

8. Joseph Conrad. "Geography and some explorers", *National Geographic*, mar. 1924.

9. Davidson, *The African slave trade*, op. cit., p. 147.

10. Sylvia Leith-Ross, *African women: a study of the Igbo of Nigeria*. Londres: Faber and Faber, 1938, p. 19.

11. Conrad, *Heart of Darkness*, op. cit., pp. 38-9.

12. Ibid., p. 51.

13. Davidson, op. cit., p. 29.

14. Conrad, *Heart of Darkness*, op. cit., p. 147.

15. David Livingstone, *Missionary travels*, citado em Hammond e Jablow, *The Africa that never was*, op. cit., p. 43.

16. Reyahn King et al., *Ignatius Sancho: an African man of letters*. Londres: National Portrait Gallery, 1997, p. 28.

17. Ibid., p. 30.

18. William F. Schultz e Willis Hartshorn, *1997 Amnesty International Calendar: photographs from the collection of the International Center of Photography*. Nova York: Universe Publishing, 1996.

19. Ibid.

POLÍTICA E POLÍTICOS DA LÍNGUA NA LITERATURA AFRICANA [pp. 100-10]

1. Obiajunwa Wali. "The dead end of African literature?". *Transition* 4, n. 10, 10 set. 1963.

2. Ngũgĩ wa Thiong'o. "The language of African literature", *Decolonising the mind: the politics of language in African literature*. Londres: Heinemann, 1986.

3. Ibid.

4. Richard Symonds, *The British and their successors*. Evanston, Illinois: Northwestern University Press, 1966, p. 202.

5. David R. Smock e Kwamena Bentsi-Enchill (orgs.), *The search for national integration in Africa*. Londres: Collier Macmillan, 1975, p. 174.

6. J. F. Ade Ajay, *Christian Missions in Nigeria, 1841-1891*. Londres, 1965, pp. 133-4.

7. Smock e Enchill, *The search for national integration in Africa*, p. 176.

A LITERATURA AFRICANA COMO RESTABELECIMENTO DA CELEBRAÇÃO [pp. 111-25]

1. Citado em Brian Street, *The savage in literature*. Londres and Boston: Routledge and Kegan Paul, 1975, p. 14.

2. Philip D. Curtin, *The image of Africa: British ideas and actions*. Madison: Universidade of Wisconsin Press, 1964, p. vi.

3. Conrad, *Heart of darkness*, op. cit., p. 37.

4. Cheikh Hamidou Kane, *Ambiguous adventure*, trad. Katherine Woods. Londres: Heinemann, 1972, p. 37.

5. Ibid., p. 79.

*O MUNDO SE DESPEDAÇA* COMO MATERIAL DE ENSINO [pp. 126-32]

1. De "In dialogue to define aesthetics: James Baldwin and Chinua Achebe", *The Black Scholar*, 12, mar.-abr. 1981, *Conversations with James Baldwin*.
2. Jules Chametzky, *Our Decentralized Literature*. Amherst: University of Massachusetts Press, 1986.

MARTIN LUTHER KING E A ÁFRICA [pp. 133-9]

1. Davidson, *The African slave trade*, op. cit., p. 12.
2. Ibid., p. 25.
3. Dorothy Randall Tsuruta, "In dialogue to define aesthetics: James Baldwin and Chinua Achebe", *The Black Scholar*, 12, mar.-abr. 1981, p. 73.

STANLEY DIAMOND [pp. 151-5]

1. *House of Lords Official Report*, 27 ago. 1968.
2. Suzanne Cronje, *The world and Nigeria: the diplomatic history of the Biafran war, 1967-1970*. Londres: Sidgwick & Jackson, 1972, p. 211.

A ÁFRICA É GENTE DE VERDADE [pp. 156-67]

1. Citado em Jonah Raskin, *The mythology of imperialism*. Nova York: Random House, 1971.
2. James D. Wolfensohn, *Africa's moment*. Washington, D. C.: The World Bank, 1998.

# Agradecimentos e fontes

Alguns ensaios deste livro foram publicados originalmente, por vezes de forma ligeiramente diferente, tal como segue:

"A educação de uma Criança sob o Protetorado Britânico": adaptado de um discurso pronunciado como Palestra Ashby na Universidade de Cambridge, em 22 de janeiro de 1993.

"O doce aroma da cozinha de Zik: crescendo no ambiente de uma lenda viva": adaptado de um discurso pronunciado na Universidade Lincoln, na Pensilvânia, em abril de 1994. O discurso ocorreu em um congresso em homenagem ao dr. Nnamdi Azikiwe e foi organizado e patrocinado pela presidente da Universidade Lincoln, Niara Sudarkasa.

"Meu pai e eu": de Larry King, *My dad and me: a heartwarming collection of stories about fathers from a host of Larry's famous friends.* Nova York: Crown, 1996.

"O que é a Nigéria para mim?": adaptado do discurso inaugural no Jubileu de Prata do *The Guardian,* no Instituto Nigeriano de Assuntos Internacionais (NIIA), Ilha de Victoria, Lagos, 9 out. 2008. Foi depois publicado no jornal *Nigeria Daily News,* 14 out. 2008.

"Viajando 'em branco'": publicado originalmente em *The Weekend Guardian*, Londres, 22 out. 1989.

"Dizendo nosso verdadeiro nome": adaptado de um discurso pronunciado no congresso Escritores Negros Redefinem a Luta, por ocasião da morte de James Baldwin, na Universidade de Massachusetts em Amherst, 22-23 abr. 1988. Foi depois publicado em *Um tributo a James Baldwin*. Amherst: University of Massachusetts Press, 1989.

"O nome difamado da África": publicado originalmente em Robert Lyons e Chinua Achebe, *Another Africa*. Anchor Books, 1998.

"Política e políticos da língua na literatura africana": publicado originalmente como "Politics and politicians of language in African literature" em Doug Killam (org.), *FILLM* (International Federation for Modern Languages and Literatures) *Proceedings*. Guelph, Ontário: Universidade de Guelph, 1989.

"A literatura africana como restabelecimento da celebração": de Kirsten Holst Petersen e Anna Rutherford (orgs.), *Chinua Achebe: a celebration*. Oxford e Portsmouth, New Hampshire: Heinemann; Sydney, Austrália, e Coventry, England: Dangeroo Press, 1990, pp. 1-10.

"*O mundo se despedaça* como material de ensino": de Bernth Lindfors (org.). "Approaches to teaching Achebe's *Things fall apart*". *Approaches to Teaching World Literature Series*, 37. Nova York: Modern Language Association, 1991, pp. 20-4. Republicado em *Morning Yet on Creation Day*.

"Martin Luther King e a África": originou-se da palestra proferida na Comemoração do Dia de Martin Luther King em 20 jan. 1992, no Museu Nacional de História Natural do Instituto Smithsonian em Washington.

"A universidade e o fator liderança na política nigeriana": de *The University and the Leadership Factor in Nigerian Politics*. Enugu, Nigeria: ABIC Books and Equipment, 1988.

"Stanley Diamond": de Christine Ward Gailey (org.). *Dialectical anthropology: essays in honor of Stanley Diamond. The politics of culture and creativity.* University of Florida Press, maio 1992.

"A África é gente de verdade": adaptado de um discurso proferido originalmente na Organização da Cooperação e Desenvolvimento Econômico em Paris, França, 1998. Mais tarde publicado em *Massachusetts Review* 40.3, outono 1999.

# Nota sobre o autor

Chinua Achebe nasceu na Nigéria em 1930. Foi criado em um povoado grande, Ogidi, um dos primeiros centros de trabalho dos missionários anglicanos no leste da Nigéria. Formou-se no University College, em Ibadan.

Citado no *Sunday Times* de Londres como um dos "Mil Criadores do Século XX", por definir "uma literatura africana moderna de natureza verdadeiramente africana", dando assim "uma importante contribuição para a literatura mundial", Chinua Achebe já publicou romances, contos, ensaios e livros infantis. Seu volume de poesia, *Natal em Biafra*, escrito durante a guerra de Biafra, foi covencedor do primeiro prêmio de Poesia da Comunidade Britânica. De seus romances, *A flecha de Deus* venceu o prêmio New Statesman-Jock Campbell, e *Anthills of the Savannah* [Formigueiros da savana] foi finalista do Booker Prize 1987, na Inglaterra. *O mundo se despedaça*, sua obra-prima, já foi publicado em cinquenta idiomas e vendeu milhões de exemplares nos Estados Unidos desde o lançamento da edição original, em 1958-59. Em 2007, Achebe ganhou o prêmio Internacional Man Booker de Ficção.

Mora com a mulher em Annandale-on-Hudson, estado de Nova York, onde ambos lecionam no Bard College. O casal tem quatro filhos e três netos.

ESTA OBRA FOI COMPOSTA PELA SPRESS EM ELECTRA E IMPRESSA EM OFSETE
PELA RR DONNELLEY SOBRE PAPEL PÓLEN SOFT DA SUZANO PAPEL E CELULOSE
PARA A EDITORA SCHWARCZ EM JANEIRO DE 2012